美容室の雇用と労務

秋山幸子［特定社会保険労務士］

JOSEI MODE

はじめに

「ここではオレがルールだ！」

なんて思っていなくても、知らぬ間に労働法を破ってしまう美容室は少なくありません。労働法とは、労働者（スタッフ）の権利を守るため、使用者（経営者）の権力を抑える法律の総称。経営者は人を雇うやいなや、使用者としてさまざまなルールに監視され、労働者への責任を課されます。

美容業界では徒弟制度の名残が強かったせいか、以前なら多少ルールに反していても、スタッフが納得して働いていれば問題にはなりませんでした。しかし現在、美容学校での教育やネットの情報により意識が高まり、求職者が労働条件を見てサロンを選ぶ、退職者が労働法違反でサロンを告発する、などの事例が増えています。また、公正な労働環境を求め、労働基準監督署による取り締まりも強化されています。

世の中全体が法令順守へ動き、女性活用やワークライフバランスなど働き方への関心も高まる今、ルールにのっとってスタッフを雇い育てることが、サロンの自衛にも繁栄にもつながるといえます。

この本では新進気鋭の経営者、ケビンのサロンを例に、スタッフを雇うところ（雇用）から、育て生かすための管理（労務）まで、実務に沿って解説します。

［主な登場人物］

ケビン

人気スタイリストとして活躍後、独立してサロンづくりを始めたイケイケ経営者。

調教師ユッコ

謎の人物。声の出演。

スタッフたち

ケビンのサロンに勤務するスタッフたち。

キヨシ（スタイリスト）

サユリ（スタイリスト）

マリー（アシスタント）

タロー（アシスタント）

CONTENTS

1. 人を雇うときにすることリスト

人を一人でも雇うなら、知らなきゃいけない雇用と労務のこと。おざなりにするとどうなるか、新米経営者ケビンが身をもって学びます。

人を雇うことの耐えられない重さ

同じ経営者でも、人を雇う前と後では社会的責任がケタ違いです。日本では、労働者の権利を守るべくさまざまなルールが定められており、使用者（雇う側）が暴走しないよう、多くの義務や責任を課しています。

経営者・ケビン

アシスタント・マリー

例えば、条件があいまいなままスタッフを入れ、後でモメたらどうなるでしょう？　あるいは雇った人が、真面目に働かなかったら？　スタッフが仕事中にケガをしてしまったら…？　実はいずれも、使用者の責任が問われます。人を雇う際には、事前の確認や備えがとても重要なのです。

雇うときこれだけは
労働契約と労働保険

人を雇うときにすべき最低限の手続きは次の2点。使用者の義務として法律で定められています。

1. 労働契約の締結

労働基準法により、人を雇うときには、使用者が労働者へ労働条件を事前に示す義務があります。特に雇用期間や業務内容、労働時間などの重要項目については、「労働条件通知書」または「雇用契約書」という書面に残さなければなりません。両者の違いは同意の有無。前者は一方的に通知する形式で、パートタイム雇用の際などに簡易的に使われます。後者は労働者が同意し署名する形式でより丁寧といえますが、法的には両者の機能は同等です。

絶対的明示事項

必ず明示する

1. いつまで雇うか
2. どこでどんな仕事をするか
3. 働く時間や休日
4. 賃金の額と支払方法
5. 辞めるときの手続き

相対的明示事項

取り決める場合のみ明示する

1. 退職手当
2. 臨時の賃金や賞与、賃金の最低保障額
3. 労働者が負担する費用や道具など
4. 安全および衛生関係
5. 職業訓練について
6. 災害補償および業務外の傷病扶助
7. 表彰・制裁関係
8. 休職について

※右の「雇用契約書」は労働条件明示部分の抜粋。
実際には使用者、労働者の署名欄などが加わる。

雇用契約書（抜粋）

契約期間	平成 年 月 日から期間の定めなし （試用期間：平成　年　月　日〜平成　年　月　日）
就業の場所	○○店（東京都○○区○○ ○−○−○）※異動の可能性あり
従事すべき業務の内容	美容室におけるアシスタントおよびそれに付随する一切の業務
始業、終業の時刻、休憩時間等	1. 始業・終業の時刻： 2. 休憩時間： 3. 所定時間外労働の有無：（有・無）
休日等	1. 1ヵ月の変形労働時間制を採用し、1ヵ月単位のシフト勤務表として確定する。なお、1ヵ月単位に取得できる休暇日数は9日（暦日が28日の月は8日）とする。 2. 所定休日労働の有無：（有・無）
休暇	1. 年次有給休暇：6ヵ月継続勤務し出勤率が8割以上の場合10日 その後法定通り 2. その他の休暇：
賃金	1. 給与月額 基本給　　円　技術手当　　円 勤務手当　　円（固定残業代として） 精勤手当　　円　計　　　円 通勤手当 別途（1ヵ月分の通勤定期代を支給、上限金額　　円） 2. 所定時間外、休日または深夜労働に対して支払われる割増賃金率 イ.所定時間外：所定超（0）％法定超（25）％（限度時間・月60時間超（25）％）　ロ.休日：法定休日（35）％ 法定外休日（0）％（ただし、法定労働時間超は25％）　ハ.深夜（25）％ 3. 賃金締切日　毎月　　日 4. 賃金支払日　翌月　　日 5. 労使協定に基づく賃金支払時の控除（有・無） 6. 昇降給（有（毎年　月）・無） 7. 賞与（有（毎年　月、　月）・無） 8 退職金（有（勤続　年以上）・無）
退職に関する事項	1 定年制（有（60歳）・無） 2 継続雇用制度（有（65歳まで）・無） 3 自己都合退職の手続：退職する○日以上前までに文書により届け出ること 4 解雇の事由及び手続：就業規則第○条〜第○条に定める通り
その他	・社会保険の適用（有・無）（健康保険、厚生年金） ・雇用保険の適用（有・無）

2. 労働保険への加入

個人事業主でも法人でも、人を雇ったら必ず入らなければならない公的な保険があります。それが「労災保険」と「雇用保険」の2つで、合わせて「労働保険」と呼ばれます。

●労災保険

労災保険は、労働者を一人でも雇ったら加入義務が生じる保険で、労働者が仕事中や通勤途中に病気やケガを負ったとき、治療費や休職中の給料を国が補償するものです。スタッフ全員分の保険料を、経営者が納めます。と言うと、「スタッフのための保険の費用を経営者が負担するなんて！」と思いがちですが、実はこれはれっきとした〝使用者のための〟保険です。

というのも、仕事中および通勤途中のケガや病気の責任は法律上、使用者にあるから。不幸にも障害が残ったり死亡したりしたら、その後の本人や家族の生活を、使用者が補償しなければなりません。

でも実際にそんなことになれば、サロン経営を続けるのは困難ですよね。だから、国が使用者を肩代わりする仕組みがあるのです。

● 雇用保険

雇用保険は、31日以上かつ週20時間以上働く労働者を雇ったら加入します。労働者が退職したときや育児で休むときなどに、当面の生活を保障する保険で、使用者が条件を満たす労働者を加入させます。保険料は、スタッフ本人と使用者が一定の割合で按分《あんぶん》します。

こちらは労災保険に比べ、労働者への恩恵が大きいように感じるでしょう。しかしやっぱり、使用者側にもメリットがあります。例えば「雇用継続給付」という、育児や介護で休業する期間の生活保障があり、能力の高いスタッフを辞めさせずに済むことなどです。

マリーを雇うなら、2つの手続きを忘れずにね、ケビン。

結論……

人を雇うと責任が増すし費用もかかる
けれどそれらを背負って立つのが
経営者の経営者たるゆえんかも

スタッフを雇ったあなたの人生は、もう自分一人のものではありません。

労働保険へお入り、ケビン

[労働契約のポイント]

禁止事項

労働者を守るため、以下の契約は禁止。
○「1年以内に退職したらペナルティー」「備品を壊したら罰金」などの違約金
○金銭を前貸しして給与から返済額を天引きすること
○「社員旅行費」などの強制的な積み立て

採用内定

採用内定により労働契約が成立したと認められる場合、その取り消しは解雇に相当する。解雇と同様の合理性と手続きが必要となる。

[労働保険の詳細]

雇用時の届出

○いつ
労災保険・雇用保険の各適用条件に該当した日の翌日から10日以内
○どこへ・何を提出
1. 労働基準監督署へ
「労働保険保険関係成立届」「労働保険概算保険料申告書」
2. ハローワークへ
「雇用保険適用事業所設置届」「雇用保険被保険者資格取得届」

保険料

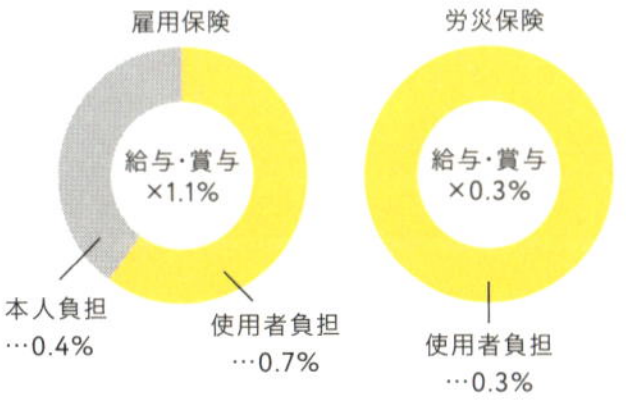
雇用保険
給与・賞与
×1.1%
本人負担
…0.4%
使用者負担
…0.7%
労災保険
給与・賞与
×0.3%
使用者負担
…0.3%

労働保険料は加入手続きの際に前払いする。保険関係が成立した日の翌日から50日以内に、概算保険料を「概算保険料申告書」提出の上、支払う。
翌年度以降の労働保険料は、年度当初に概算で申告・納付し、翌年度当初に確定申告の上精算する。これを「年度更新」といい、原則として例年6月1日から7月10日までに申告・納付する。
※保険料は2016年7月1日現在。最新情報はp.112。

2. 賃金をいくら払うか問題

マリーを雇い入れた新米経営者のケビン。
最初の課題は、適切に給料を決めて支払うことです。

労働者の汗水が確実に報われるように

スタッフがなぜ毎日サロンに通い、一日の大半を仕事に費やし、よりうまくなろうと努力するのか。最大の理由は、賃金を得られるからでしょう。

賃金とは、使用者が労働者に労働の対価として支払う金銭で、いわば労使関係の仲立ち。賃金の支払いは使用者の重要な義務で、その方法は厳格に決められています。

①通貨払いの原則
賃金は現金、円建てで支払う。小切手や現物支給は認められない。ただし、労働者の同意や給与明細書の交付などの条件を満たせば、振り込みも可能。

②直接払いの原則
賃金は労働者本人に支払う。労働者が未成年でも、親など代理人に支払うことはできない。

③全額払いの原則
賃金は全額そろえて支払う。積立金などを強制的に天引きしてはいけない。ただし、所得税や社会保険料など法律で定められたもの、労使協定があるものは控除が認められる。

④毎月払いの原則
賃金は毎月1回以上支払う。賞与や退職金、精勤手当など1ヵ月を超える期間ごとに支給するものは例外とする。

⑤一定期日払いの原則
賃金は毎月25日、毎月末日など期日を決めて支払う。「毎月第2土曜日」など日にちが特定できない決め方は許されない。

賃金支払いの5原則

1. 通貨で（通貨払いの原則）
2. 労働者本人へ（直接払いの原則）
3. 全額を（全額払いの原則）
4. 毎月1回以上（毎月払いの原則）
5. 決まった日に（一定期日払いの法則）

給与金額の2大ルール

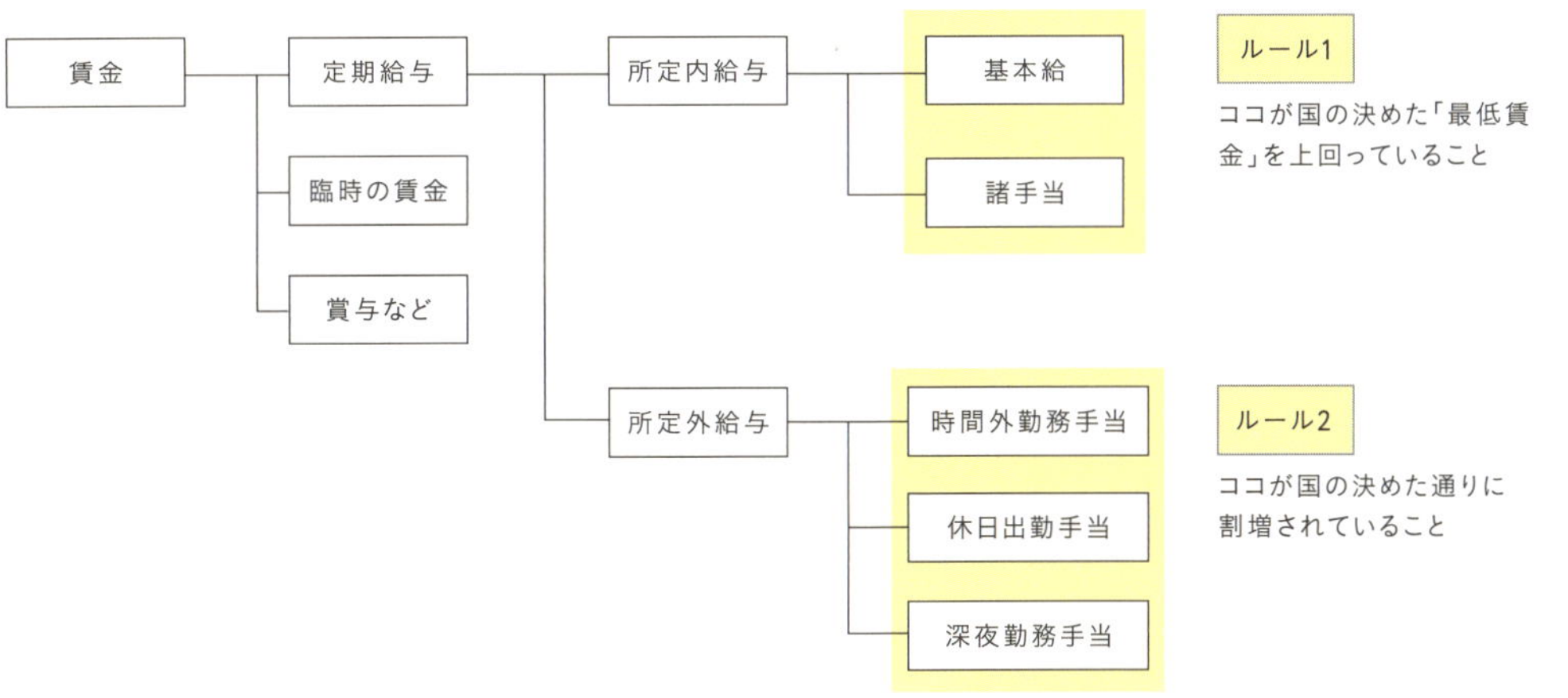

賃金
定期給与
臨時の賃金
賞与など
所定内給与
所定外給与
基本給
諸手当
時間外勤務手当
休日出勤手当
深夜勤務手当
ルール1
ココが国の決めた「最低賃金」を上回っていること
ルール2
ココが国の決めた通りに割増されていること

生活できない賃金は賃金といえない

賃金をいくらにするかは、支払う経営者の自由？　いいえ。賃金の最低ラインだけは、国が「最低賃金」として定めており、サロンの業績や本人の売上にかかわらず、経営者にはそれ以上を支払う義務があります。

最低賃金は、毎年都道府県ごとに時給額で定められます。金額は、生活保護の支給額を上回るよう考慮されます。つまり最低賃金を下回ることは、スタッフを「働かない方がマシ」な状態に置くことに他なりません。次の2点に注意して、サロンの賃金を確認してください。

1．何を賃金と見なすか

最低賃金の規定は、労働者に人間らしい生活を保障することが目的。よって、11ページの図の通り、毎月安定的に支払われる金額が対象です。例えば普段の給与は低めに抑え、賞与で不足分を補おうとしても認められません。

2．所定外勤務はないか

残業や休日出勤をした場合には、賃金を割増する決まりがあり、割

地域別最低賃金時間額（円）

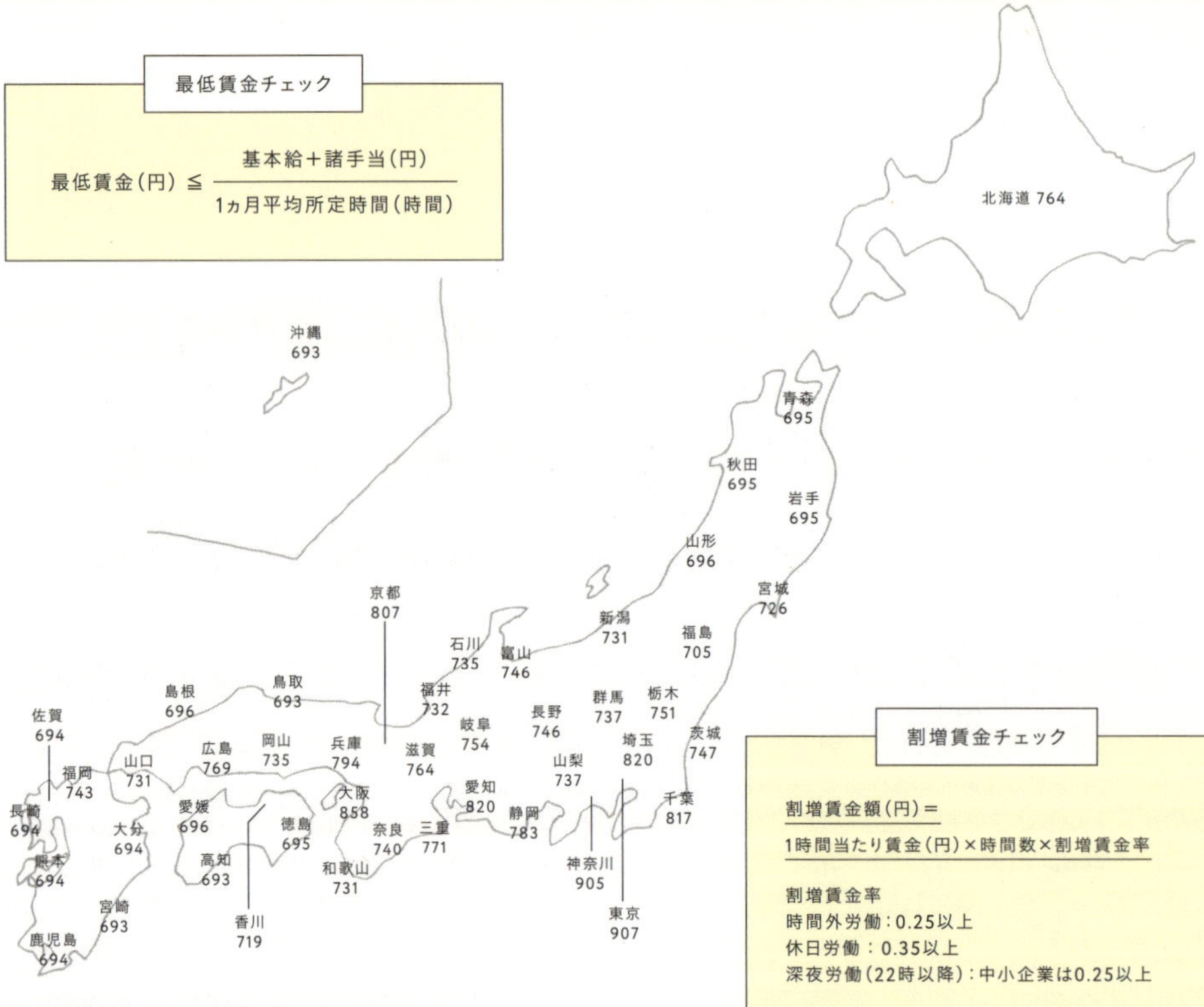

北海道 764
青森 695
秋田 695
岩手 695
山形 696
宮城 726
新潟 731
福島 705
京都 807
石川 735
富山 746
群馬 737
栃木 751
島根 696
鳥取 693
福井 732
長野 746
茨城 747
佐賀 694
岐阜 754
埼玉 820
広島 769
岡山 735
兵庫 794
滋賀 764
山梨 737
福岡 743
山口 731
大阪 858
愛知 820
千葉 817
長崎 694
愛媛 696
徳島 695
奈良 740
三重 771
静岡 783
大分 694
高知 693
熊本 694
和歌山 731
神奈川 905
宮崎 693
東京 907
香川 719
鹿児島 694
沖縄 693

最低賃金チェック

最低賃金（円）≦ 基本給＋諸手当（円） / 1ヵ月平均所定時間（時間）

割増賃金チェック

割増賃金額（円）＝

1時間当たり賃金（円）×時間数×割増賃金率

割増賃金率

時間外労働：0.25以上

休日労働：0.35以上

深夜労働（22時以降）：中小企業は0.25以上

※金額は2015年度。最新情報はp112。

増率も定められています。

これらを満たさない賃金額は、たとえ労働者の同意があっても認められません。労働基準監督署が最も厳しく取り締まるのもこの問題で、違反した使用者には50万円以下の罰金が科せられる上、過去2年間さかのぼって、不足分の支払いを求められることがあります。

実は美容業界では、特にアシスタントに最低賃金割れが多いといわれます。所定時間内だけを見ればクリアしていても、朝礼や練習を労働時間に含めると、割増分が足りないケースが多いのです。

問題は、労働時間をどう捉えるか。次は、美容室経営者にとって一番気の重いこの問題を考えましょ、ケビン。

結論……

賃金は雇う・雇われる関係の土台「お金のために働くわけじゃない」なんて労働者は一人もいない

賃金を正しく支払えないなら、仲間をつくることはできません。

[給与支払いのポイント]

こんなときどうする

○支給日が休日に当たったら？
雇用契約に基づき前後日に移動可能。ただし、賃金支払日を毎月末日と定めた場合、翌月1日に繰り下げると当月内に払ったことにならず、毎月払いの原則に違反する。

○ミスしたら減給できる？
無断欠勤や遅刻、備品の持ち出しなど、規律違反に対する減給は可能。ただし、減給額は1回当たり賃金の半日分以下、最大で賃金総額の10分の1以下。

○サロンが休業したら？
使用者の都合で労働者を休業させた場合、平均賃金の6割以上の休業手当を支払わなければならない。

○カネさえ払えば大丈夫？
給与を支払う際、サロンは従業員に給与明細書を交付する義務がある。

[最低賃金チェックのポイント]

最低賃金換算に算入できないもの

① 家族手当（家族がいる人に支給されるもの）
② 通勤手当（交通費）
③ 精勤・皆勤手当（1ヵ月間休まずに勤務したら支給されるもの）
④ 残業手当（所定労働時間を超える時間に支払われるもの）
⑤ 深夜手当（22時～翌5時の間で働いたときに支払われるもの）
⑥ 休日手当（法定休日に働いたとき支払われるもの）
⑦ 賞与（1ヵ月を超える期間ごとに支払われるもの）

これらを除いた月給を時給換算した金額が、最低賃金額をクリアしていなければならない。

3. 嵐を呼ぶ労働時間

労働時間とはその名の通り、スタッフが働く時間。
平和な響きと裏腹に、給与額を左右する重大なテーマです。

無理なく健全な働かせ方の枠組み

スタッフは勤務中、サロンの管理下に置かれ、勝手に遊んだり出かけたりできません。労働者は、自分の時間を売って賃金を得ていると見ることもできます。ただ、お金さえ出せばいくらでも働かせてよいとはいえません。長すぎる

労働時間は労働者の健康を害し、人間らしい生活を壊すため、次のような枠組みが定められています。

①1日8時間、週40時間以内

労働時間には、法定労働時間と所定労働時間の2種類がある。前者は労働基準法が定める労働時間の上限で、後者は各サロンが就業規則に定める始業から終業までの時間。法定労働時間は、休憩を除き1日8時間、週に40時間（美容業で従業員10人未満の事業場は44時間）以内とされており、所定労働時間はこの範囲内に設定する。ただし、変形労働時間制をとれば、多少の融通が利く。

②1日60分以上の休憩

労働時間が1日6時間を超える場合は45分以上、8時間を超える場合は60分以上の休憩を与える必要がある。

③週1日相当の休日

法定休日として、1週間に1日か、4週間で4日以上の休日を与えなければならない。

ただ、実はこれらの定めには例外があり、使用者と労働者が「三六《さぶろく》協定」と呼ばれる協定を結び、使用者が割増賃金を払えば、時間外や休日の労働が認められます。

労働時間に関するルール

法定労働時間

1日8時間以内

1週40時間以内

ただし…

- 美容業で1事業場の従業員が10人未満なら
  1週44時間以内までOK
  ※店舗が複数あるサロンでは、スタッフ10人以上の店舗は40時間以内、
  10人未満の店舗は44時間以内とする。
- 変形労働時間制の手続きを踏めば
  1ヵ月の週平均が40時間以内なら、8時間を超える日があってもOK
  例：月／7時間、火／休、水／7時間、木／7時間、金／休、
  土／10時間、日／9時間

法定休憩時間

6時間を超える
労働で45分以上

8時間を超える
労働で60分以上

- 労働途中に!
  業務開始前後にまとめるのはNG
- コマ切れ可!
  複数回に分けてもOK
  例：立ち仕事の疲労回復のため
  昼休憩30分＋その他10分×3回
  ※ただし1分間×60回など極端に短いと
  認められない可能性が高い。
- 自由利用!
  過ごし方は労働者の自由
  ※ほぼかからない電話番を頼むなどは
  労使で要相談。

法定休日

1週に1日または

4週に4日

- 年次有給休暇
  6ヵ月間継続勤務＋全労働日8割以上出勤した場合、10日与える
  以降、継続勤務1年ごとに1日、3年6ヵ月以上は1年ごとに2日ずつ、
  最高20日まで増やす

サロンの労働時間
争点あるある

美容業界では今、労働時間が大問題となっています。何を労働と見なすかにより、時間外労働時間と、それに伴う割増賃金額が変わるからです。

1．練習は労働か

所定労働時間後のレッスンや、休日に開かれる勉強会。美容業界の慣習として、これらは残業や休日出勤とは見なされず、賃金が発生しないのが普通でした。しかし今、これらをめぐり労働基準監督署に、残業代不払いなどを指摘されるケースが増えています。

最大の焦点は、強制か否か。業務の一環なら労働時間に入れるべきですし、自由参加ならその必要はないでしょう。表向き自由参加でも、参加しないとその後不利益がある場合は労働時間とすべきです。逆に、本人の希望により練習場所や器具を貸すだけの場合は、労働に当たらないと考えられます。

同じ理由で、営業前の朝礼も、参加が義務付けられていたり、業務に必要な連絡がなされたりする場合は労働時間と見なされます。

シーン…
充分休んでんじゃねーかよ！
K
hello

2. 客待ちは労働か

サロンでは、日により時間帯により、忙しさにバラつきがあります。担当するお客さまがおらず、特に施術も接客もしていない手待ち時間は、休憩と見なしてよいものでしょうか？　答えはノー。電話や来客があり次第、対応しなければならないようなアイドリングタイムは、労働時間と見なされ、賃金支払いを義務付けられる判例が出ています。

美容業界は長らく師弟関係が強く、練習は修業と見なされてきました。しかし現在では、社会規範にのっとった労働環境の見直しが求められています。まずは経営者の意識改革が必要ですね、ケビン。

結論……

売上につながらなくても
本人の成長のために使っても
労働者の時間はタダではない

これらのルールを踏まえて、適正な給与を考えましょう。

[労働時間のポイント]

三六協定

○概要／労働基準法第36条に規定されている労使間の協定で、正式には「時間外労働・休日労働に関する協定届」という。これを結ぶと、法定労働時間外や休日の労働が認められる。
○締結／使用者と労働組合または労働者の過半数を代表する者とが書面により締結。
○届出／労働基準監督署へ。有効期間は1年間。毎年協定を結び届け出る。

1ヵ月単位の変形労働時間制

○概要／1ヵ月を平均して、1週間当たりの労働時間が40時間（10人未満なら44時間）となるよう労働日および労働日ごとの労働時間を設定する。これにより、労働時間が特定の日に8時間、特定の週に40時間（10人未満なら44時間）を超えることが可能になる。
○手続き／就業規則に定めるか、書面により労使協定を結ぶ。必ず前もってシフトを決め、それを守ること。

法定労働時間の上限

暦日数	労働者数	
	10人未満	10人以上
31日	194.8時間	177.1時間
30日	188.5時間	171.4時間
29日	182.2時間	165.7時間
28日	176.0時間	160.0時間

労働時間の記録

使用者には、労働者の始業・終業時刻を確認・記録する義務がある。
○方法／使用者が現認して記録するか、タイムカードなどにより客観的に記録する。
○保存／労働時間の記録は3年間保存しなければならない。
○注意／タイムカードの場合、労働時間を正しく把握するため次のようなケースは見直されるべき。
・朝礼終了後の一斉打刻
・業務終了後、雑談など個人的に過ごした後の打刻

4.労働時間からの給与計算

労働の長さと給与の高さは比例します。1人雇うのにいくら必要か、正しく算出しましょう。

最低賃金クリアは意外と難しい

14〜17ページでは、給与額に深く関わる労働時間の定めを学びました。それを踏まえ、ここではマリーの給与を算出してみましょう。

給与計算は、①労働時間の算出、②基本給と割増賃金の算出、の順に行ないます。注意点は以下の通

マリーの一日

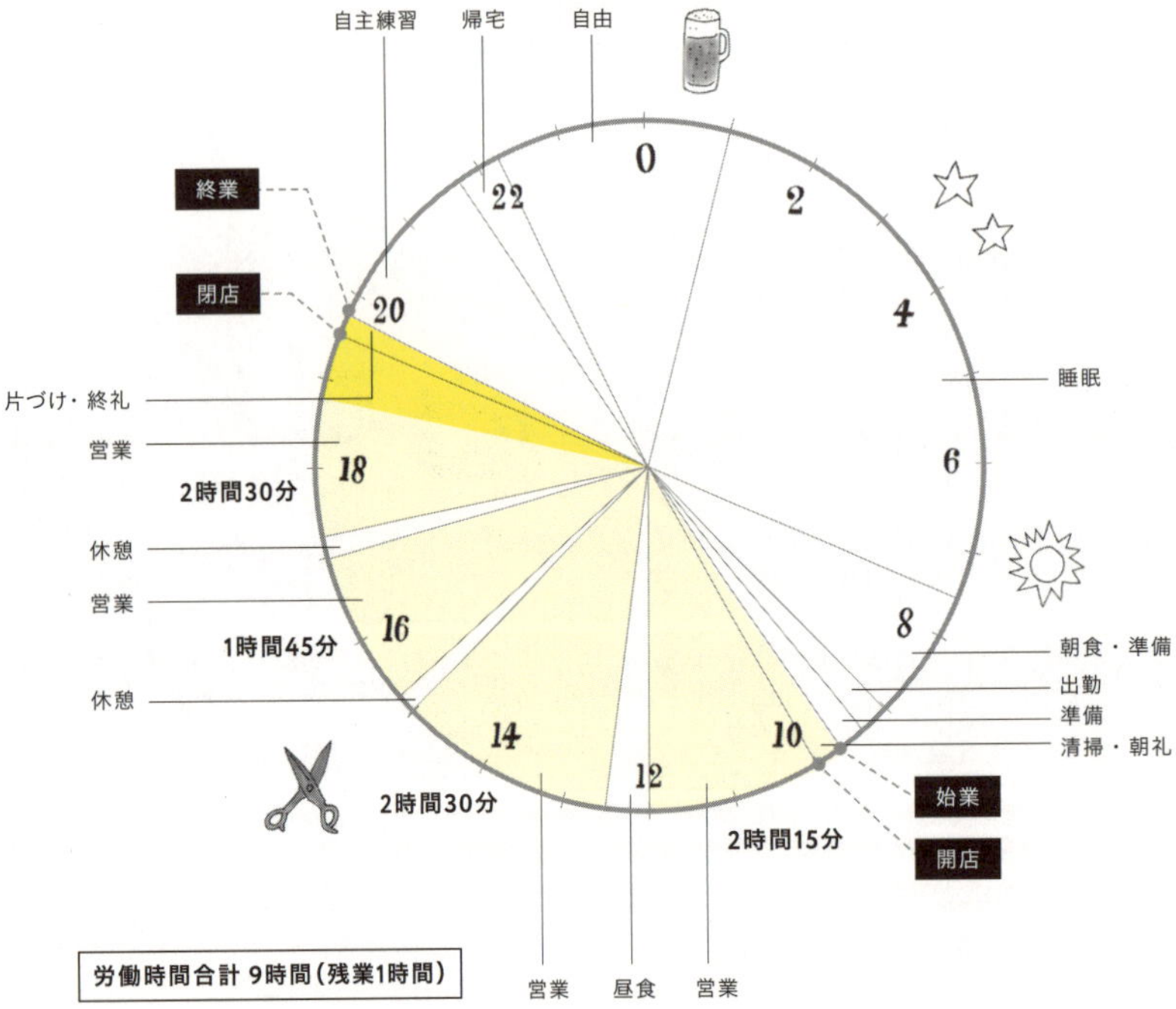

マリーの勤務体系

- 勤務地／東京都
- サロン規模／雇用者数1人
- サロン営業時間／10時00分〜19時30分
- 所定労働時間／9時45分〜18時45分、休憩1時間で1日8時間
- 勤務日数／月22日
- 休日／週休2日制

りです。

1．営業時間と労働時間は違う

マリーの例からも分かるように、サロンの営業時間と労働者の労働時間は別物です。たとえサロンが8時間営業でも、前後に準備や片づけなどの業務がある場合は、その時間を加算し、法定労働時間を超えた分について残業代（時間外手当）を支払う必要があります。

2．年俸制でも残業代は必要

美容業界では、「年俸制だから残業代は支払わない」という経営者を時々見かけます。しかし、これは間違い。年俸制は給与額を年単位で算出しているだけであって、法定労働時間を超えた分については、別途残業代が発生します。

3．固定残業代には根拠がいる

毎月の残業代を、固定額で支払う方法もあります。ただし、この場合には、「○時間分の残業代としていくらを含む」などと明示し、残業代を区別しなければなりません。定めを超えた時間分は、別途残業代を加算します。マリーの給与額、意外と高いですよね？　実際には、次ページのように給与額を抑えるサロンが多いです。

マリーの給与

毎日同じリズムで働くとすると…

①労働時間計算

- 1週間当たり所定労働時間
  8時間×5日＝40時間
- 1週間当たり労働時間
  9時間×5日＝45時間
- 1週間当たり残業時間
  45時間－40時間＝5時間

▼

②給与計算（最低賃金を1,000円/時とする）

- 基本給
  1,000円《最低賃金》×8時間《労働時間数》×22日《勤務日数》＝17万6,000円
- 割増賃金（時間外手当）
  1,000円×1.25《最低割増賃金》×5時間《残業時間数》×4週＝2万5,000円

最低でも
20万1,000円！

▼

③さらに…保険料計算

- 労災保険
  使用者負担／20万1,000円《給与》×0.3%《保険料率》＝603円
- 雇用保険
  使用者負担／20万1,000円×0.7%＝1,407円
  本人負担／20万1,000円×0.4%＝804円

▶

④最終的に…

- サロンの負担
  20万1,000円《給与》＋603円《労災保険料》＋1,407円《雇用保険料》＝**20万3,010円**
- マリーの手取り
  20万1,000円《給与》－804円《雇用保険料》＝20万196円

※P.19～20の給与額は、便宜的に1ヵ月4週とし、簡易的に計算している。
実際の計算方法は、「所定労働時間の取り決め」によって異なる。

労働時間をめぐるサロンの工夫の数々

労働時間を調整するために、サロンで取られる方法を紹介します。

1．練習を自主制にする

前に解説した通り、練習を労働とみなすか否かは美容業界において最大の焦点です。これまで業界の慣習として、練習時間を給与計算に含めないのが普通でしたが、そこを突いた未払い残業代の請求が起こるようになりました。

現在、労使間で練習は自主的なものとの共通認識を築き、スタッフに「自主練習申告書」を書かせるなどの対策がとられています。

しかし、こうした方法が自主制の証拠として認められるかどうかは、まだ判例がないので不明です。また、自主制である限り強制はできませんから、人材育成を阻害する可能性もあります。

2．勤務体系を変える

休日や休憩を増やす、営業時間を縮めるなどの方法も、労働時間を減らすのに有効です。営業日数や営業時間は変えずに交代で休ませたり、シフト勤務制をとったりする方法もありますが、ある程度

労働時間削減のために

●練習を自主制にする

マリーの場合　もし、練習を労働時間に含めると…

●時間外労働時間
1日当たり労働時間／11時間（19時45分～21時45分の2時間が増）
1週間当たり残業時間／11時間×5日－40時間＝15時間

●時間外手当
1,000円×1.25×15時間＝7万5,000円
→合計25万1,000円に！

●営業時間を縮める

マリーの場合　もし、営業時間を1時間縮めると…

●変更前
営業時間／10時00分～19時30分
労働時間／9時45分～19時45分（休憩1時間）＝9時間

▶

●変更後
営業時間／11時00分～19時30分
労働時間／10時45分～19時45分（休憩1時間）＝8時間
→残業代ゼロに！

●シフト勤務制にする

マリーの場合　もし、2交代制勤務にすると…

●変更前
1日9時間勤務

▶

●変更後
1日8時間勤務
・早番／9時45分～18時45分（休憩1時間／営業後の片づけなし）
・遅番／10時45分～19時45分（休憩1時間／営業前の準備なし）
→残業代ゼロに！

の人数が必要です。

いずれにせよ、営業日数や時間を減らす場合、客単価を上げる、次回予約で稼働率を高めるなど、いかに売上を下げずに実現するかが、経営手腕の見せどころです。

労働時間の短縮について、経営者は給与を抑制する目的で考えがちですが、一方の労働者にとっても、ワークライフバランスに関わる大切なテーマです。労働時間が長く給与水準が低いといわれる美容業界では、給与と余暇との適切なバランスをとることが、今後大きな課題となりそうです。

給与支払いの厳しさを知ったケビン。…あら、ひょっとしてもう次を雇おうとしてます？

結論……

雇うことの金銭的負担は結構大きい
雇う前にシミュレーションして
払えないなら雇わないこと

それでもやっぱり仲間が欲しい人は、労働条件を整えましょう。

[給与関係のおさらい]

最低賃金

国が毎年定める賃金の最低ライン。各都道府県の最低賃金時間額はP.12参照。

法定労働時間

○通常／1日8時間以内、1週40時間以内
○美容業で1事業場の従業員が10人未満なら／1日8時間以内、1週44時間までOK

割増賃金

○割増賃金額／1時間当たり賃金×時間数×割増賃金率
○割増賃金率／時間外労働0.25以上、休日労働0.35以上、22時以降の深夜労働0.25以上（時間外労働が深夜に及んだ場合、計0.5以上）

労働保険料

○労災保険
使用者負担／給与×0.3％
本人負担／なし
○雇用保険
使用者負担／給与×0.7％
本人負担／給与×0.4％

[サロン規模と給与計算]

サロンの成長段階で規模が拡大すると、適用される法定労働時間や割増賃金率が変わり、給与計算法も変更となるので要注意。

店舗ごとの従業員が10人になったら

○1週当たり法定労働時間が44時間→40時間に減
○変形労働時間制を適用している場合、1ヵ月の法定労働時間数が減

従業員100人を超えるか資本金5000万円を超えたら

○月60時間を超える時間外労働の割増賃金率0.25以上→0.5以上に

5.求人・採用のアウトライン

新たに即戦力を雇いたいケビン。
スタッフを求人・採用するときにも、ルールがあります。

正直な条件で
公平な求人を

スタッフを雇おうとするとき、新卒採用なら美容学校、中途採用なら求人誌やハローワークに求人票や求人広告を出すのが主流です。

1. 雇用機会は均等に

さて、この求人広告には、サロンが求める条件を好きに書いてよいわけではありません。下記の

通り、年齢、性別に関わりなく均等な機会を与え、人物や能力本位で求人採用を行なうことが求められます。他にも、以下の注意が必要です。

2．待遇は正確に

最も問題となるのは、求人時と採用後の労働条件が異なる場合。例えば求人時に「月給18万円」として、雇ってから「試用期間中は16万円」と告知するのはNGです。せっかく雇ったスタッフに「募集内容と違うので…」と即時に辞められても文句は言えません。

「ブラック企業」が話題になって以来、ハローワークでは、最低賃金割れや労働時間、法人の場合は社会保険加入など、法令遵守が特に厳しくチェックされています。

3．個人情報に注意

また、注意したいのが個人情報の扱い。採用活動では職務上必要な場合を除き、思想・信条、宗教や本籍地、身体・精神障害など、社会的差別の原因となり得る「センシティブ情報」を取得してはいけません。不採用とした応募者の履歴書は返還または本人了承の上破棄するなど、入手した個人情報は適正に保護・処理しましょう。

ケビンがつくった求人広告

失敗しない採用のコワザとポイント

雇用時の必須事項として、6ページでは①労働契約の締結と②労働保険への加入を挙げました。①について、以下のように「雇用期間」「就業場所」「労働時間・休日」「賃金額・支払方法」「退職手続き」などの労働条件を、労働者に書面で明示しなければならないことはすでに述べた通りです。

採用のとき最も気になるのは、本当にその人でよいかということ。実際に働くところを見て判断したいのが経営者の本音です。以下を知っておくとよいでしょう。

1．試用期間

試用期間とは、本採用前に労働者の能力を見極める期間のことで、設定の有無や期間に決まりはありません。労働者の生活の安定を考慮し、大体1～3ヵ月、長くても6ヵ月が一般的です。設定する場合は募集の段階から明示します。

試用中の労働者の立場は正社員と同じですが、解雇の要件は若干緩くなります。期間終了後に本採用しない場合、試用中に辞めさせる場合とも、正社員同様、解雇予

労働条件の注意点（「雇用契約書」より）

契約期間	平成 年 月 日から期間の定めなし (試用期間：平成　年　月　日～平成　年　月　日)
就業の場所	○○店(東京都○○区○○ ○−○−○)※異動の可能性あり
従事すべき業務の内容	美容室におけるアシスタントおよびそれに付随する一切の業務
始業、終業の時刻、休憩時間等	1. 始業・終業の時刻：　　2. 休憩時間： 3. 所定時間外労働の有無：(有・無)
休日等	1. 1ヵ月の変形労働時間制を採用し、1ヵ月単位のシフト勤務表として確定する。なお、1ヵ月単位に取得できる休暇日数は9日(暦日が28日の月は8日)とする。 2. 所定休日労働の有無：(有・無)
休暇	1. 年次有給休暇：6ヵ月継続勤務し出勤率が8割以上の場合10日 その後法定通り 2. その他の休暇：
賃金	1. 給与月額 基本給　　円　技術手当　　円 勤務手当　　円(固定残業代として) 精勤手当　　円　計　　　円 通勤手当 別途(1ヵ月分の通勤定期代を支給、上限金額　　円) 2. 所定時間外、休日または深夜労働に対して支払われる割増賃金率 イ.所定時間外：所定超(0)%法定超(25)%（限度時間・月60時間超(25)%）　ロ.休日:法定休日(35)% 法定外休日(0)%（ただし、法定労働時間超は25%）　ハ.深夜(25)% 3. 賃金締切日　毎月　　日　4. 賃金支払日　翌月　　日 5. 労使協定に基づく賃金支払時の控除(有・無) 6. 昇降給(有(毎年　月)・無)　7. 賞与(有(毎年　月、　月)・無) 8. 退職金(有(勤続　年以上)・無)
退職に関する事項	1 定年制(有(60歳)・無) 2 継続雇用制度(有(65歳まで)・無) 3 自己都合退職の手続：退職する○日以上前までに文書により届け出ること 4 解雇の事由及び手続：就業規則第○条～第○条に定める通り
その他	・社会保険の適用(有・無)(健康保険、厚生年金) ・雇用保険の適用(有・無)

期間
期間の定めの有無、ある場合は更新の有無を明記。試用期間を設ける場合は記さないと無効。

労働時間
所定労働時間、休憩時間の他、残業の有無も明記。

賃金
金額を明確に。試用期間と本採用後で変わるなら両方書く。残業代は計算根拠を明記。

場所
複数店舗がある場合、どの店舗か。異動の有無も明記する。

年次有給休暇
入社後半年間で、出勤率8割以上なら必ず付与する。

退職・解雇
事前に記した事由でしか解雇できない。

告と解雇予告手当が必要です。
なお、試用期間中の労働者についても、条件を満たせば社会保険に加入させなければなりません。

2．14日間ルール

労働基準法により、採用後14日以内で試用期間中の労働者については、解雇予告や解雇予告手当が不要です。早めに決断できれば、サロンの負担は軽くなります。

いずれも、解雇の際には客観的合理性と社会的相当性が求められ、これを欠くと「解雇権の濫用《らんよう》」となり無効とされます。一度雇った労働者との縁は簡単に切れるものではありませんから、採用時に、じっくり見極めることが何より大切です。ってば、ケビン！

結論……

求人は広くオープンに 採用は厳しく慎重に

求人・採用は未知との遭遇。チャンスとリスクが表裏一体です。

[美容室のための求人の注意点]

新卒採用

美容学校に求人票を出すのが主流で先生の介入が多く、また本人が若いため親のチェックも厳しい。特に「労働日数・時間」「賃金」「社会保険」への関心が高い。
また従来、1人1サロンずつの応募が慣習だったが、最近は同時に複数のサロンを併願する人が現れている。

中途採用

美容求人誌の他、求人サイトも増えており、求める人物像や、地元で集めたいのか広く告知したいのかによって媒体を選択する必要がある。
また特に注意したいのが美容師免許の有無。免許取得者を求めるなら、面接での口頭確認の他、採用決定前にコピーなどを提出させること。

[労働保険の詳細]

解雇予告

労働基準法に定められた解雇の手順。少なくとも解雇の30日前には、本人に予告しなければならない。

解雇予告手当

30日前に解雇予告をしない場合は、本人に30日分以上の平均賃金を支払わなければならない。予告期間が30日に満たない場合は、その日数分の平均賃金を支払う。平均賃金は、過去3ヵ月間の賃金の総額を歴日数で割った金額。

[求人・採用に関する判例]

日新火災海上保険事件

○事件名／賃金等請求事件
○裁判所／東京高等裁判所
○裁判日／2000年4月19日
○判例趣旨／求人広告の記載内容と異なる待遇が争われた事件。求人広告には「新卒同年次定期採用者の給料と同等の額」とあったにもかかわらず、新卒同年次定期採用者の下限に格付けたことが契約内容に反すると、中途採用者が訴えを起こした。裁判所は「下限に位置付けることを明記せず、平均的給与を受けることができるものと信じかねない説明」と認め労働条件明示義務、信義誠実の原則に反するとして、使用者に慰謝料100万円の支払いを命じた。

6. セクハラ・パワハラにハラハラ

ケビンが即決で雇い入れた新スタッフのカール。
いざ働き始めたら、問題が多発しているようで…。

ハラスメントの微妙な定義

近年あらゆる職場で増えているのが、いじめや嫌がらせ、いわゆる「ハラスメント」です。この問題について考えてみましょう。

●セクシャルハラスメント

職場におけるセクハラとは、性的な言動により、労働者が不利益

を受けたり、就業環境が害されたりすること。女性の多い美容業界は、特に注意が必要とされますが、男女問わず起こり得る問題です。

では、具体的にどんな言動がセクハラか。これは相互の関係性や個人の主観によるため、一概に言えません。ただ、言動を発した側の意図にかかわらず、受けた側が「性的」で「意に反し苦痛」と感じ、「業務上の支障」が生じればセクハラとなる可能性がありますから、常に配慮が必要です。

●パワーハラスメント

パワハラとは、職場での地位や人間関係を背景に、業務の範疇《はんちゅう》を超え身体的・精神的苦痛を与える行為です。企業競争が激化する中、従業員への圧力強化、職場の意志疎通の希薄化、管理職のマネジメント能力低下、上司と部下の世代間格差などにより増加し、現在、労働局への相談件数第1位です。

徒弟制度の伝統が残る美容業界は、指導者や先輩の権威が強く、パワハラが起こりがちです。表面化すれば職場環境の悪化、人材の流出、イメージダウンなどが避けられませんから、経営者には未然に防ぐ努力が必要です。

職場におけるセクハラ

対価型
職場の地位を利用して性的な要求を行ない、拒否すると労働者が不利益を受けるようなケース。

例／経営者「オレと関係を持てば、店長にしてやるぞ」

環境型
性的な言動により、労働者の就業環境が悪化し業務に支障が出るケース。

- 視覚型 — 例／スタッフルームにヌードポスターを貼る
- 発言型 — 例／下ネタを頻繁に言う　例／「まだ結婚しないの?」
- 接触型 — 例／胸やお尻を触る

職場におけるパワハラ

身体的攻撃	精神的攻撃	人間関係断絶
暴行・傷害	脅迫・名誉毀損・侮辱・暴言	隔離・仲間外し・無視

過大な要求	過小な要求	個の侵害
不要なことや不可能なことの強制・仕事の妨害	能力や経験とかけ離れた、程度の低い仕事を命じる・仕事を与えない	私的なことに過度に立ち入る

使用者に迫られる責任と対策

セクハラ、パワハラはスタッフ間のもめ事？　否、職場の問題には、使用者にも責任が生じます。

1．事業主の義務

セクハラに関しては、厚生労働大臣が事業主のとるべき措置について指針を出しており、パワハラなどについても、これに準じるべきと考えられています。もしものときサロンの責任を減ずるためにも、相談窓口をつくる、スタッフの意識を高める、加害者への厳正な対処を定めるなど、日ごろから防止の働きかけを行なうべきです。

2．被害者のケア

では、ことが起きたらどうするか。まず、相談を受けたら迅速に事実確認を行ないます。次に、事実を確認したら、配置転換、行為者の謝罪、被害者の不利益回復など適切な措置をとります。この際注意すべきは、当事者のプライバシーを守ること。さらに、再発防止の努力も忘れてはいけません。

また、厚労省が定めた基準を満たせば、セクハラを含め業務上の出来事が原因で発病した精神障

セクハラに対し講ずべき措置（厚生労働大臣指針の概要）

1 やってはいけないと知らせる
例／社内報などにセクハラを禁じる方針を記載し、労働者に配布する。

2 加害者への厳正な対処を定める
例／就業規則に懲戒規定を定め、労働者に周知する。

3 被害者が相談できる窓口をつくる
例／相談に対応するスタッフをあらかじめ決めておく。

4 **3** の窓口で広く相談を受け付け、対応できる体制をつくる
例／窓口担当スタッフのために対応法のマニュアルを用意する。

5 ことが起きたら、事実確認を迅速かつ正確に行なう
例／行為者、相談者と第三者に個別に話を聞く。

6 事実確認できたら、適正な措置をとる
例／行為者と被害者を引き離す配置転換を行なう。

7 再発防止への措置を講じる
例／労働者に意識啓発の研修、講習などを実施する。

8 行為者、相談者のプライバシーを守る
例／相談窓口担当者にプライバシー保護の研修を行なう。

9 相談や事実確認への協力により不利益が生じないよう定める
例／就業規則に相談や協力により解雇、異動など不利な取り扱いをされないことを定める。

パワハラの予防策

1 経営者が「絶対に許さない」というメッセージを継続的に発信する

2 研修などに盛り込み、従業員に意識付けする

3 就業規則などで解決方法をルール化し、周知する

4 アンケートやヒアリングなどで定期的に実態を把握する

出典／公益財団法人21世紀職業財団『職場のパワーハラスメント対策ハンドブック』

害は、労災として認定されます。労災保険に入っていれば、治療や休業に対し補償が受けられますが、一方で労災を起こすことはサロンの信頼度を下げますから、未然に防ぐことの大切さは変わりません。

3．加害者への対処

厚労省の指針では、行為者への厳正な対処を求めていますが、同時に処分の対象や内容は、服務規定に基づくとしています。つまり、事前に就業規則に定めておかなければ、処分はできないのです。防止効果を求める意味でも、就業規則を整備することが肝心です。

——果たしてケビンはカールの暴挙を止め、マリーを守ることができるでしょうか。とても心配です。

結論……

ハラスメントをした人も悪いが 防げなかった経営者も悪い

職場の秩序を守り、スタッフに安心をもたらすのは、経営者の役割です。

[パワハラの増加]

労働局への相談件数推移

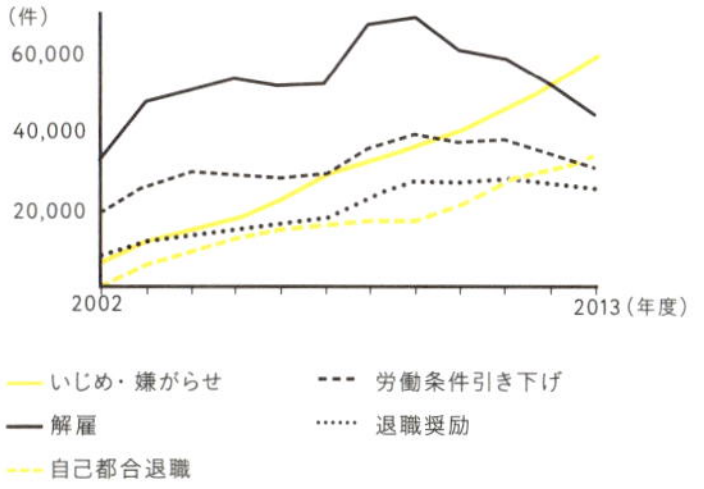

※厚生労働省「平成25年度個別労働紛争解決制度施行状況」より、2013年度上位5項目の推移を抜粋。

[セクハラ・パワハラに関する判例]

岡山セクハラ事件

○事件名／損害賠償請求事件
○裁判所／岡山地方裁判所
○裁判日／2002年5月15日
○判例趣旨／派遣会社において、上司である専務取締役が女性従業員に行なったセクハラ行為により、会社の使用者責任、不法行為責任が認められた事件。判決は、被告に慰謝料200万円、会社に慰謝料・未払い賃金相当額・弁護士費用など1483万円の支払いを命じた。

誠昇会北本共済病院事件

○事件名／損害賠償請求事件
○裁判所／さいたま地方裁判所
○裁判日／2004年9月24日
○判例趣旨／原告は自殺した男性看護師Aの両親。被告はAが勤務していた病院。先輩スタッフがAに対し残業や休日勤務を強制。冷やかし、からかい、嘲笑、悪口「死ねよ」「殺す」といった発言やメールをされており、Aはいじめのつらさで自殺した。判決は、いじめの主犯格に賠償金1000万円、病院には安全配慮義務違反、債務不履行責任を認め賠償金500万円を命じた。

7.スタッフ退職Xデー

マリーへのセクハラを繰り返す問題児カール。
あらら、今日は姿が見えないようです…。

誰の都合か理由は何か
辞め方にも種類がある

ケビンのサロンに中途入社したカールはとんだ問題児。マリーへセクハラをしてケビンから注意を受けると、次の日からぱったり姿を見せなくなりました。電話しても連絡がつかず、「クビにしてやる!」と息巻くケビン。…同じような経験を持つ経営者も多いのではないでしょうか。

ひと口にスタッフが辞めると言っても、誰の意志か、どんな理由かによって扱いが変わります。

●解雇

使用者の一方的な意思表示による労働契約解消のこと。労働者の権利を守るため、法的にさまざまな制限がかけられています。25ページで触れた通り、使用者には30日前に予告をするか手当を支給する義務がある他、あらかじめ就業規則などに定めた正当な理由がなければ無効となります。今回ケビンはこの準備をしておらず、解雇にするのは難しいといえます。

●退職

解雇以外の労働契約解消を退職と呼び、①任意退職（自己都合退職）、②定年、③死亡、④有期労働契約の期間満了、⑤休職期間が満了しても復職できない場合など、あらかじめ定めた退職要件に該当したときに成立します。

以下の通り、退職理由が会社都合であるか自己都合であるかは、本人の受ける失業給付（雇用保険の基本手当）の額や期間に影響を及ぼします。

退職の種類と失業手当の差異

会社都合退職

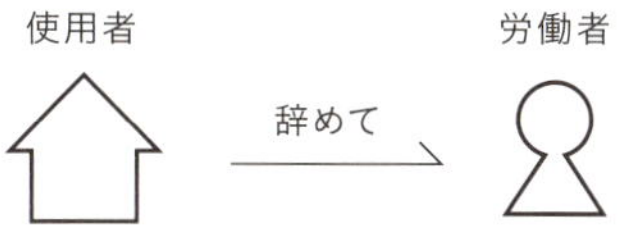

・退職勧奨
・倒産
・リストラによる整理解雇
・普通解雇
・制裁罰としての懲戒解雇※1
など

自己都合退職

・転職
・病気
など

	会社都合退職	自己都合退職
失業給付受給資格	雇用保険6ヵ月加入※2	雇用保険12ヵ月加入※2
失業給付受給開始	すぐ	3ヵ月後から
失業給付給付日数 （30歳未満の場合）	被保険者であった期間 5年未満　90日 5年以上10年未満　120日 10年以上20年未満　180日	被保険者であった期間 10年未満　90日 10年以上20年未満　120日

※1. 懲戒解雇は会社都合退職だが、失業給付の条件は自己都合退職と同様。

※2. 離職日以前の2年間で、賃金支払いの基礎となる日数が11日以上あった月の数。

労使トラブルを防ぐ
退職の備えと手続き

●事前の定め

退職には、使用者と労働者の合意による「合意退職」と、両者の意思に関係なく自動的に成立する「自然退職」があります。

合意退職は、労働者からの申し出に使用者が合意する形が一般的です。欠員補充や引き継ぎなどのため、早めに意思表示してほしいもの。就業規則に「退職希望日の○日前までに退職願を提出する」と定めましょう。社会通念上、期限は1ヵ月前程度が妥当とされます。ただ、民法では「雇用は解約の日から2週間を経過することにより終了する」とされており、規則の拘束力は絶対ではありません。

次に、自然退職。美容室では、カールのように行方不明になるスタッフもまれにいると聞きます。退職させるためには、簡易裁判所に申し立てる手段もありますが、現実的には就業規則に「行方不明となった日より○日経過したら、退職とする」と定めておくとよいでしょう。ただしこの場合でも、本人に意思確認するステップを踏

スタッフ退職時の手続き

いつ	なにを	どこへ
退職の翌日から5日以内	健康保険・厚生年金保険被保険者資格喪失届※	年金事務所、健康保険組合
退職の翌日から10日以内	雇用保険被保険者資格喪失届	公共職業安定所
退職日から1ヵ月以内	給与取得者の源泉徴収票	退職者
退職日の翌月10日まで	給与支払報告特別徴収に関する給与所得者異動届	退職者住所市町村役場

※健康保健と厚生年金保険に加入している場合。

退職意思確認通知書の例

平成○年○月○日

○○○○殿

株式会社　○○○○
代表取締役　○○○○　印

退職意思の確認について

貴殿が体調不良との理由で欠勤し、その後連絡が取れないまま○か月が経過しました。すでに業務に支障が出てきていますので、会社として貴殿の担当職務を補う必要があります。貴殿に就業の意思があるのであれば、至急会社に連絡をしてください。また、復帰の意思がないようであれば、同封した退職届に署名捺印をして返送してください。
今後2週間以内に何の連絡もない場合は、出勤の督促に応じないものとして取り扱い、就業規則第○条第○項及び雇用契約書の定めに従い、雇用契約を解除いたします。

以上

スタッフ行方不明時の対応

「一定期間連絡が取れないとき」の
退職条件を就業規則に規定しておく

▼

行方不明発生

▼

1. 本人の携帯電話に連絡。出ない場合、留守番電話に折り返し連絡を求める。数回試み、日時などを記録に残す。
2. 連絡がつかなければ、実家に電話し、家族に状況を確認する。
3. 連絡がつかなければ、自宅を訪問する。
4. 連絡がつかなければ、配達記録を残せる手紙を送る。「退職意思確認通知書」を同封する。
5. 退職意思確認通知書に記した期日が来たら、退職の手続きをとる。

む必要があります。

●退職時の手続き

　スタッフの退職時には、給与や保険に関する下記の事務が生じます。加えて、顧客情報の流出を防ぐべく「秘密保持誓約書」を取り交わすこと、貸与物の返却漏れを防ぐ「返却リスト」を用意し、チェックすることも大切です。

●事後の義務

　次の就職先に提出するなどの理由で、退職者から「退職証明書」を求められることがあり、使用者には発行する義務があります。

——結局、カールから郵送で退職願を受け取ったケビン。安易な採用や退職の準備不足、多くの学びを得たと思って、負けないで！

結論……

退職ゼロを目指していても退職への備えは欠かせない

事前の規定がなければ、いざというとき何もできません。

[退職時の手続き]

離職票への記述

スタッフ退職後10日以内に、使用者は本人へ「離職票」を発行する。使用者が退職理由などを記載し、本人がハローワークに提出、失業給付を受け取る。この離職票への記載において、不正確な記述をすると後で不都合が生じやすい。

○会社都合なのに自己都合と記載すると…
使用者が「会社都合の退職者を出すと会社に不利益があるのでは」と虚偽の記載をした場合。本人の受け取る退職手当の額や期間が本来より減るため、トラブルとなりやすい。

○自己都合なのに会社都合と記載すると…
退職者から要望を受けるなどして、虚偽の記載をした場合。本人は良くても、後々サロンが助成金を受けようとした際に、会社都合の退職者を出しているため適用されないなど、不利益を被る可能性がある。

退職金

退職金とは退職する労働者へ支払う金銭のことで、日本では慣習的に浸透しているが、使用者に法的義務はない。
美容業界では退職金制度のないサロンがほとんどだが、異業種の家庭で育ったスタッフなどは、当然もらえると思っていることもある。

[退職に関する補足]

普通解雇における注意

解雇には「普通解雇」「整理解雇」「懲戒解雇」の3種類がある。このうち、労働者の能力不足や勤務態度不良などを事由とするものが普通解雇である。普通解雇には客観的で合理的な理由が必要で、その理由が社会通念上相当と認められなければ無効となる。美容室では時折、安易な解雇が見られるので注意。解雇を考えたら、専門知識を持つ社会保険労務士などに相談を。

退職勧奨における注意

退職勧奨とは、いわゆる「肩たたき」のことで、使用者が労働者に対し退職を勧める行為。解雇ではないため、解雇予告の必要はない。退職勧奨を行なう際は、退職の強要や脅迫をしてはいけない。労働者に「解雇」と受け取られないためにも、合意書などの書面を取り交わしたい。

8. 就業規則ことはじめ

あれから約1年。ケビンはスタッフを増員し、意外と順調にサロンを仕切っておりました…。

法律と契約の間にサロン内ルールを

従業員が増えると、働き方について共通のルールを定める必要が生まれます。6ページで学んだ通り、使用者と労働者は賃金や労働時間などについて「労働契約」を結びます。個々の労働者にとっては、これが働く上でのルールですが、雇われた時期や人により、例

そろそろルールを決めなきゃな…
ケビンさん、ウチって有給あるんすか？
短パンでサロンワークしていいの？
スタイリスト・サユリ
スタイリスト・キヨシ
アシスタント・タロー

えば賃金体系が異なったらどうでしょう？　不公平や不安を感じますよね。だから、労働条件を一定に保つ上位のルール、「就業規則」がいるのです。就業規則とは、使用者が制定する全労働者共通の決まりごと。ただし、経営者が暴走しないよう、以下のような定めがあります。

1．法律が最優先

　使用者が規則を定められるのは、労働基準法や労働契約法といった法律の範囲内です。法律に反する規則は無効。〝法律＞就業規則＞労働契約〟という力関係です。

2．10人以上なら要届出

　労働者が常時10人以上の事業場は、就業規則を作成し、労働監督署に届ける義務があり、怠ると30万円以下の罰金が科せられます。10人未満の場合は作成も届出も任意ですが、規則を設けるに越したことはありません。

3．労働者への周知義務

　使用者が一方的に規則を定めただけでは、効力は生まれません。労働者へ内容を知らせ、同意を得る必要があります。また、使用者が勝手に内容を変えることも許されません。

就業規則の効力

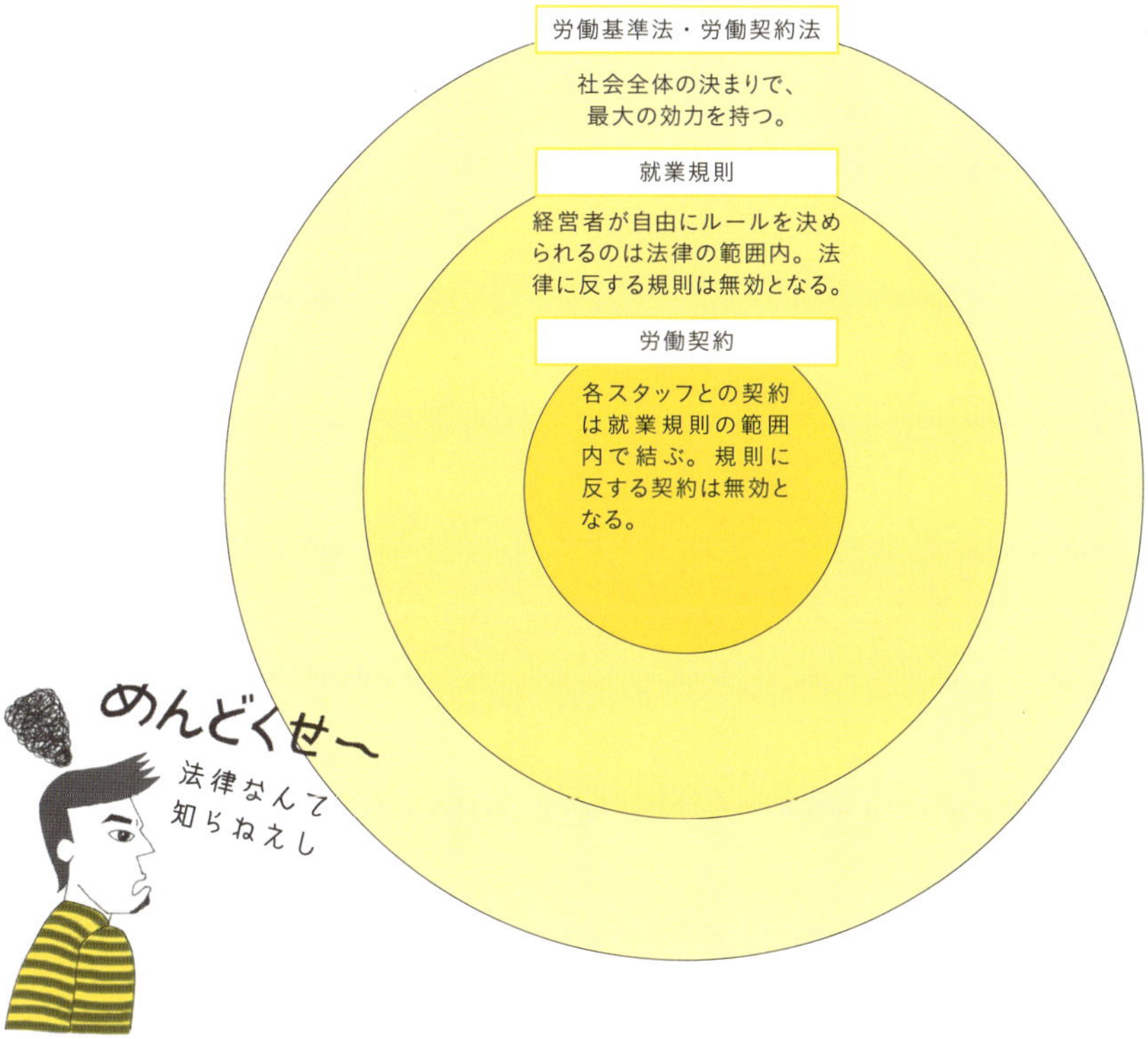

労働基準法・労働契約法
社会全体の決まりで、最大の効力を持つ。
就業規則
経営者が自由にルールを決められるのは法律の範囲内。法律に反する規則は無効となる。
労働契約
各スタッフとの契約は就業規則の範囲内で結ぶ。規則に反する契約は無効となる。
めんどくせ〜
法律なんて知らねえし

決めなければいけないこと 決めてもよいこと

　就業規則には、必ず定めて記載しなければならない「絶対的必要記載事項」と、定めがある場合には必ず記載しなければならない「相対的必要記載事項」、義務はないが独自に定める「任意的記載事項」があります。下記の通り、労働時間、賃金、退職関係のうち一つでも欠ければ就業規則として成立しません。退職金や賞与などは事業所により有無が異なりますが、設定する場合は必ず記載します。

　任意的記載事項は、サロンの方針や経営者の裁量により主導的に決めることができます。美容室においては、服装や勤務態度について規定する所が多いようです。

自店の規則は 自前で決めよう

　これら多岐にわたる項目を規定するのは容易ではなく、巷《ちまた》には就業規則のひな型が多く出回っています。また、独立前の勤務店や先輩経営者のサロンの規則を借用してしまうケースも見られます。

　しかし、既存の規則をよく確認

先輩経営者・グレート

就業規則に定める内容

絶対的必要記載事項

1 労働時間関係
始業時刻、終業時刻、休憩時間、休日、休暇、シフト制

2 賃金関係
賃金の決定、計算方法、支払い方法、締め日、支払い日、昇給

3 退職関係
退職の方法、解雇の事由

相対的必要記載事項

1 退職手当関係

2 臨時の賃金・最低賃金額関係

3 費用負担関係

4 安全衛生関係

5 職業訓練関係

6 災害補償・業務外の傷病扶助関係

7 表彰・制裁関係

8 全労働者に適用されるその他のルール

せずに使用することは大変危険です。例えば退職金や勤務体制など、経営者自身が認識していない規定が後々発覚しても、一度定めた規則は簡単には撤回できないからです。規模や経営状況が異なれば、必要な規則も運用できる制度も異なります。サロンの状況や理念に則して、就業規則を整えることが経営者の務めです。

　就業規則をきちんと定めておけば、スタッフに何か問題が起きても粛々と対処でき、そのたびごとに対応を考える必要がなくなります。就業規則は労働者を保護すると同時に、経営者が経営に専念できるというメリットもあるのです。

結論……

就業規則はサロンの背骨
経営者自ら考えるべし

サロンが変われば規則も変わる。経営者の思いを込めた規則は、スタッフを導きサロンを形づくります。

[就業規則やりがちNG]

定めてはいけないこと

①「1時間未満の残業代は切り捨て」
→労働基準法…1ヵ月単位で30分未満の切り捨て、30分以上の切り上げのみ可。

②「備品を壊したら弁償」
→労働基準法…使用者にも危機管理義務があるため、全責任を労働者に負わせることはできない。

③「売上が低かったらクビ」
→労働契約法…客観的に合理的な理由を欠き、社会通念上相当であると認められない場合は解雇無効となる。

④「有給休暇は全員年5日とし、使わない分はサロンが買い取る」
→労働基準法…有給休暇日数は勤続年数により法で定められている。買い取りは取得を遮る可能性があるため原則認められない。

労働契約との矛盾

①試用期間についての定め

■就業規則
試用期間の記述なし

■労働契約書
「試用期間は3ヵ月。試用期間中の従業員が以下の内容に該当し、従業員として不適当なとき、本採用は行なわない。…」
→就業規則に定めていないことは、労働契約を結べない。この場合、就業規則に試用期間の規定がないため、試用期間終了後に本採用を断ることはできない可能性がある。

②夏季休暇についての定め

■就業規則
「夏季休暇は8月中に3日」

■労働契約書
「8月中3日、有給休暇を使用して夏季休暇を取得」
→有給休暇の計画的付与として、夏季休暇を取らせることは可能だが、就業規則に規定し、更に労使協定を締結していることが前提。上記の場合、通常の有給休暇とは別に、全員に3日間の特別有給休暇を与えないといけない。

9. 就業規則の中身を練ろう

先輩が営むサロンの就業規則を丸ごとコピーしたケビンに、マリーが華麗に突っ込みを入れています。

経営者の思いを乗せ
一発で決めよう

就業規則の必要性と意義はすでに学びました。法律に基づいた統一ルールに沿って、各スタッフと労働契約を結ぶことは、安心して働ける前提であるとともに、経営者にとって、人事や労務において

一貫した対応をとるためのよりどころを得ることにもなると、お分かりいただけたかと思います。

ここでは、就業規則で何を定めたらよいか、具体的な内容を考えます。36ページで紹介した、絶対的必要記載事項の「労働時間」「賃金」「退職」は、これがないと成立しませんから、まず漏れることはないでしょう。問題は、相対的必要記載事項と任意的記載事項です。これらは、経営者の判断により定める項目ですので、過不足なく、また目指すサロン像に沿った内容を練らねばなりません。

一度就業規則を決めたら、内容を変えるのに所定の手続きを踏まねばならないこと、特に労働者の不利益になる変更はなかなか通らないことから、なるべく一度で十分な規則を整えたいものです（手続きの詳細は42ページ参照）。

美容室の就業規則で定めた方がよいこと

美容室は、ヒトの労働力が価値を生む労働集約型産業です。労働者の安定が経営の安定に直結するので、就業規則の役割は重大。以下に、検討すべき項目を挙げます。

美容室の就業規則のポイント

1. 試用期間

■長さ

一般的に1〜3ヵ月、長くても6ヵ月が妥当とされる。例外的に短縮・延長する場合も盛り込んでおくとよい。

■待遇

本採用後と待遇が異なる場合は、明記する。

2. 休職

■事由

「私傷病休職」「自己都合休職」「出向休職」など。

■期間

事由や勤続年数により期間を定めることが多い。

■待遇

賃金支給の有無、勤続年数への加算の有無を明記する。
休職満了時の取扱いを定める。
職場復帰の条件や手続きを規定しておく。

3. 服務規律

■就業に関する規律

出退勤・遅刻・早退・欠勤・休暇の手続き、服装、職務専念義務、服従義務、セクハラ・パワハラの禁止、安全・衛生の維持など。

■財産管理のための規律

施設や物品の私用禁止、会合の手続き、政治活動や宗教活動の禁止など。

4. 制裁規定

■事由

就業規則違反、無断欠勤・遅刻・早退、職務怠慢、素行不良など。

■種類

懲戒解雇、諭旨解雇、降格、停職、減給、けん責など。

1. 試用期間

試用期間とは、採用後に労働者の適性や勤務態度を観察する期間のことで、設けるか否かは経営者の自由。期間とその間の待遇、また期間中に適性がないと見なした場合の扱いについて明記します。

ただ、仮採用とはいえ一度は労働契約を結びますから、本採用しない場合には、解雇に相当する社会的、合理的な理由が必要です。

2. 休職

休職とは、業務以外の傷病や会社都合の出向など、労働者が長期にわたり勤務できない場合の措置です。休職の事由と期間、その間の待遇や復職の手続きを定めます。最近では精神疾患なども増え、休職制度の重要度が高まっています。

3. 服務規律

職場における日常のルールです。勤務態度や身だしなみ、行動規範など、スタッフに求めることや禁じることを規定します。

4. 制裁規定

職務怠慢やセクハラなどにより、使用者が労働者に対し制裁を行なう場合には、あらかじめ就業規則に、事由と内容を規定しておく必要があります。定めのない制裁は

美容室の就業規則のポイント（続き）

5. 慶弔休暇

■種類と例

・結婚休暇
本人が結婚するとき…3～5日程度
・弔慰休暇
父母、配偶者、子が死亡したとき…3～5日程度
祖父母、兄弟、配偶者の父母が死亡したとき…1～3日程度
・配偶者出産休暇
配偶者が出産するとき…1～2日程度

6. その他の例

■マイカー通勤規程

通勤途中の事故は、運転者の自己責任とされることが多いが、マイカー通勤が推奨されている場合、使用者責任が問われることもある。これを回避するため、
・マイカー通勤の要件
・任意保険の水準
・許可取り消しの要件
・事故発生時の対応
などを定めるとよい。

■顧客情報に関する規則

・守秘義務、機密情報保持などを規定する
・何が機密情報に当たるか、具体的に規定する
・違反した場合の罰則や損害賠償義務を定める
など。

行なえません。また制裁の定めには、抑止効果も期待できます。

5. 慶弔休暇

法的義務はありませんが、慶弔に伴い休みを与えるのであれば、記載しなければなりません。

6. その他

労働者が自身の自動車や自転車を通勤などに使用するなら、「マイカー通勤（使用）規程」「自転車通勤（使用）規程」を定め、自転車保険の加入や整備点検などを義務付けましょう。また、顧客情報の取り扱いに関する注意や情報漏えいに対する処分について取り決めるサロンも多いようです。

さあ、ケビンもやっと本腰を入れて、規則を練り始めましたね。

結論……

就業規則が規定するのはサロンの理想とスタッフの使命

目指す方向性や働き方、起こり得る問題の数々…。
就業規則を練ることは、サロンの隅々まで思いをめぐらせることです。

[就業規則に関する判例]

神奈川中央交通事件

○裁判所／東京高等裁判所
○裁判日／1995年7月27日
○判例趣旨／乗り合いバス会社の従業員であるAら運転士は、就業規則及び服務規程により義務付けられた制帽の着用をしないでバスに乗務していたため、会社側は警告書を発行、日給2分の1の減給処分とした。Aらは会社に対し未払い賃金の支払いを求めて提訴。しかし、制服制帽の着用を義務付けた就業規則等に合理性があるとして、Aらの請求を退けた。
→美容室に置き換えると…
衣服には個人の好みもあり、経営者が不快というだけでは処分しづらい。ただ、就業規則の服務規律に「清潔な服装」「仕事に支障のない服装」など、身だしなみを規定しておけば、その範囲内で正当に注意できるだろう。

アロマ・カラー事件

○裁判所／東京地方裁判所
○裁判日／1979年3月27日
○判例趣旨／体調不良により休職をしていた従業員Bに、使用者側は休職期間満了前に職場復帰の意思を確認。依然、「体調不良」との回答であったため、休職期間満了の日付で雇用関係を終了したが、Bは不服として復職を求めた。しかし、就業規則に休職規定があったため、休職満了日の経過をもって退職の効力が発生したと認められ、Bの請求は棄却された。
→美容室に置き換えると…
近年、精神疾患等の体調不良により、休職する美容師が増えている。一定期間休職した後、回復の見込みがなく辞めてほしいとき、就業規則に休職の期間や復職の要件を定めていないと、会社都合の解雇扱いになってしまう。

10. 就業規則誕生の瞬間

やっと就業規則を書きあげ、ご満悦のケビン。
でも、それで終わりじゃないんです…。

つくるまでが規則ではない

法律からスポーツ、ゲームに至るまで、規則やルールは、そこに参画する人が知らない限り、正しく作用しませんよね。また、もし経営者が、知らぬ間に労働者の義務や懲罰を決めて振りかざすとしたら、労働者は安心して働けませ

STOP
おい、お前でいいや。ちょっとここにサインしろよ
はーい!

ん。そこで就業規則には、効力を持つまでに必要な手続きがあります。万一、後で就業規則をめぐり労使間の問題が発生したとき、正しく手順を踏んでいないと、規則が無効とされてしまいます。

1．つくる

サロンの事情や理想に合わせて規則を考えます。退職金や休暇など、正社員とパート・アルバイトとで待遇を違える場合には、それぞれに向けた就業規則を作成しなければなりません。これをしない場合、全スタッフを、正社員用の就業規則に基づき処遇することとなります。

2．聞く

規則が固まったら、労働者の中から代表者を最低一人選んで、内容を確認させ、意見を聞きます。代表者には次の条件があります。

・管理監督者でない

規則に縛られる労働者側の意見を反映するため、経営側に近い管理監督者は代表になれません。

・労働者の過半数が支持する

選出方法は定められていませんが、自薦・他薦を募った後、全員に賛同の意思を聞くなど、工夫しましょう。

就業規則ができるまで

1.つくる

「就業規則」の内容を決める。

■正社員用
■給与規程
■育児介護休業規程
■パート・アルバイト用

など、雇用形態によって労働条件が異なる場合はそれぞれ作成する。項目ごとに別規程化することもできる。

↓

2. 聞く

労働者代表を選任し、内容の確認とそれに対する意見を求める。代表者は「意見書」を記入する。

↓

3. 届ける

■就業規則
■意見書
■就業規則届

を、サロン所在地を管轄する労働基準監督署へ提出する。

↓

4.知らせる

■バックヤード(休憩室など)に掲示または備え付ける
■回覧や配付をする
■パソコンなどに保存して、いつでも見られるようにする

など、全労働者に規則を知らせ、自由に確認できるようにする。

↓

5. 変えるとき

1～2をやり直し、

■就業規則
■意見書
■就業規則変更届

を、労働基準監督署へ提出。4を行なう。

3．届ける

常時10人以上の労働者を使用する事業場には、就業規則の作成と届出の義務があり、違反すると使用者に30万円以下の罰金が科せられます。届出は、店舗ごとに所轄の労働基準監督署へ行ないます。また、届出が受理されたからといって、内容まで保証されるわけではありません。内容については、問題発生時に個別に協議されます。

4．知らせる

意外と怠りやすいのが、このステップです。就業規則を定めたら、全スタッフに知らせ、いつでも内容を閲覧できるようにしなければなりません。こうして初めて、就業規則が正式に効力を発します。

5．変えるとき

就業規則は、一度決めたら安易に変更できません。特に、労働者に不利な変更には、合理性と労働者の合意が求められます。最初から継続可能な規則を定めましょう。

届出とあわせて労使協定を結ぼう

就業規則を労働基準監督署へ届け出るときには、同時に労使協定の締結を検討することをおすすめ

あわせて結びたい労使協定

何を？	どんなとき？	届出は？
時間外・休日労働に関する労使協定（三六協定）	残業をさせるとき	要 ※毎年届け出る
1ヵ月単位の変形労働時間制に関する労使協定	1ヵ月ごとにシフトを決めるとき	要 ※就業規則に定めた場合は不要
労働者の貯蓄金をその委託を受けて管理する場合の労使協定	社内預金をするとき	要
賃金から法定控除以外のものを控除する場合の労使協定	旅行積立など、給与から税金や保険料以外を天引きするとき	不要
休憩の一斉付与の例外に関する労使協定	休憩を交替で与えるとき	不要
年次有給休暇の計画的付与に関する労使協定	有休を夏休みなどで消化させるとき	不要
1年単位の変形労働時間制の労使協定	1年ごとに月間出勤日数を調整してシフトを決めるとき	要 ※毎年届け出る
育児休業および介護休業ができない者の範囲に関する労使協定	出勤日数の少ないスタッフなどに育児休業や介護休業を与えないとき	不要

します。労使協定とは、労働基準法などで定められた特定の内容について、使用者と労働者の合意のもと適用除外を宣言する協定です。美容室に必要と思われる主な協定を、下記に挙げておきます。

中でも「時間外・休日労働に関する労使協定」は、通称「三六協定」と呼ばれ、労働者に残業や休日出勤を求める場合は必ず結びます。締結には労働者の過半数を代表する者と合意の上、届け出ます。ただし、これを結んだからといって、残業代の支払いが免除されるわけではありません。

さて、ケビンのサロンでもやっと、就業規則が成立したようです。

皆で規則を守って
もっと良いサロンに
しましょ♪

結論……

いくら中身が優れていても知らせなければ、ないのと同じ

就業規則は、スタッフ全員が内容を理解してこそ、効力を持つのです。

できたどー!!
きそく

[規則成立までの要点]

労働者代表の選出

○無効となるケース
- 使用者が一方的に指名した場合
- 親睦会などの代表者が自動的に労働者代表となっている場合
- 一定の役職者が自動的に労働者代表となっている場合
- 一定範囲の役職者が互選により労働者代表を選出している場合

○管理監督者とは
管理監督者は、単に店長やマネジャーといった役職や肩書きで定義されるものではない。実態に照らして、他の従業員を指揮統括する立場の人を指す。たとえ役職者であっても、労働時間を管理されていれば、管理監督者でないと見なされることもある。

意見書の行方

労働者代表は、就業規則の内容に異論や疑問があれば、「意見書」に記入する。意見書の内容に強制力はないため、規則を再考・修正するか否かは経営者に委ねられる。意見書は就業規則と合わせて労働基準監督署へ提出する。

届出の対象

就業規則届出の対象とされる「常時10人以上」とは、店舗単位で数えた労働者の人数のこと。多店舗展開するサロンは、スタッフ10人以上の全店舗について義務が発生する。また、パートタイマーやアルバイトなど、臨時スタッフも人数に含まれる。10人未満のサロンには、就業規則作成・届出の義務はないが、昨今、小規模の事業所でも規則を制定することが好ましいとされ、届出も積極的に迎えられるようになった。

[就業規則に関する判例]

トーコロ事件

○裁判所／東京高等裁判所
○裁判日／1997年11月17日
○判例趣旨／労働者代表の選定に関する判例。会社側は、社内の「友の会」を実質的な労働組合と見なし、「友の会」の代表者Aに「労働者の過半数を代表する者」として労使協定にサインさせたが、Aは労働組合の代表者でもなく、「労働者の過半数を代表する者」でもないとして、協定が無効になった。

11. そろそろ、法人化？

4人のスタッフと共に、順調に業績を伸ばしたケビン。
ある日先輩経営者に、法人化をすすめられて…。

まじっすか
お前んとこ、
まだ法人化しないの？
税金とか、得だぜ

法人になると何が変わる？

美容室の多くは、開業手続きが容易でコストも低い個人事業としてスタートしていると思います。ところが経営が軌道に乗り業績が伸びると、経営者仲間などから法人化（正式には「法人成《ほうじんな》り」）をすすめられることがあります。個人事業と法人では、何が違うのでしょう。

　まず個人事業とは、個人（自営業者）が行なう事業のことで、税務署に届けを出せばすぐ開業できます。事業主の個人資産を元手に開業し、得た利益が事業主の所得とされる、個人の資産・家計と密接な事業形態です。

　これを法人化することは、事業主個人とは切り離された、一つの別人格をつくることを意味します。つまり、個人の資産・家計と事業運営とが明確に区別され、会社法などの規制を受けたり、計算書類の公開など経営の透明性が求められたりと、事業としての公共性が増し社会的義務が強まります。

　このため、個人事業と法人とでは、社会における扱われ方に下記のような差があります。開業の手間や社会的信用、税金・社会保険料など金銭面の差異を考慮して、適した事業形態を選ぶべきです。中でも税金の違いは経営上の影響度が大きく、節税のために法人化するサロンは少なくありません。また、経営者に箔が付くこと、社会的信用が得られ融資や求人に有利とされることなども、法人化の魅力といえるでしょう。

個人経営と法人経営、どっちがお得？

	個人経営		法人経営
開業手続き	税務署への開業届けのみ	＞	法務局への登記手続きも必要
設立費用	ゼロ円	＞	株式会社約25万円〜 合同会社約10万円〜
決算・税務申告	簡単なので自分でできる	＞	複雑なため税理士に依頼が必要
経営者給与	事業主の給与は利益から支払う	＜	社長の給与は経費となる
消費税	原則、2年前の課税売上高が1000万円以下なら免税	？	原則、法人化後2事業年度は免税
融資	自己資金と業績次第	＜？	銀行に信用されやすい
社会保険	任意加入	＞	強制加入
社会的信用	相対的に低いとされる	＜	設立・財務管理に手間がかかる分、高い

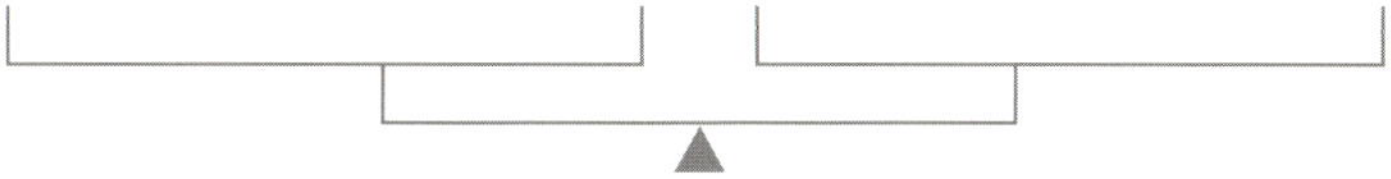

※「＜」「＞」は金額などの大小ではなく、有利不利を表す。

税金と人件費を天秤にかけて

では、法人化に適したタイミングや条件はあるのでしょうか。

最大のメリット、税金について考えるならば、まず課税売上高1000万円が一つのポイント。消費税の課税事業者となる直前に法人化すれば、原則として会計年度2年間は納税が免除されます。

次のタイミングが、コンスタントに年間500万円の事業所得を上げられるようになったとき。下表の通り、法人化した方が、納税額を低く抑えられます。

ただし、金銭面を考えるとき忘れてならないのが、社会保険料です。社会保険とは、健康保険と厚生年金保険の総称。個人事業の間は、スタッフを何人雇っても、労働保険（雇用保険と労災保険）のみ加入すればよいのですが、法人化すると経営者含め全スタッフが社会保険に強制加入となり、サロンに保険料の負担が発生します。これにより人件費が10％以上膨らむため、これを捻出できるかどうかが、最大の判断基準といえます。

おすすめしたいのは、節税効果

法人化のタイミング

■税金が得になるのは…

事業所得※	個人事業				法人経営							
	事業主			税金計	法人			経営者				税金計
	所得税	住民税	事業税		法人税	住民税	事業税	年間報酬	所得税	住民税	事業税	
200万	4万8,500	10万2,000	0	15万500	0	7万	0	200万	4万2,000	8万9,000	0	20万1,000
500万	36万6,500	40万2,500	10万5,000	87万3,500	0	7万	0	500万	18万8,500	31万3,000	0	57万1,500◀
700万	76万6,500	60万2,500	20万5,000	157万3,500	0	7万	0	700万	51万6,500	47万7,000	0	106万3,500
1000万	142万7,150	90万2,500	35万5,000	268万4,150	0	7万	0	1000万	107万600	74万7,000	0	188万7,600

（円）

→年500万円以上の利益を出せるなら法人がお得！

※事業所得とは　所得税における課税所得の区分の一つで、農業、漁業、製造業、卸売業、小売業、サービス業その他の事業から生じる所得。個人事業から得られる売上から費用を引いた額。

■社会保険料はいくらかかるか

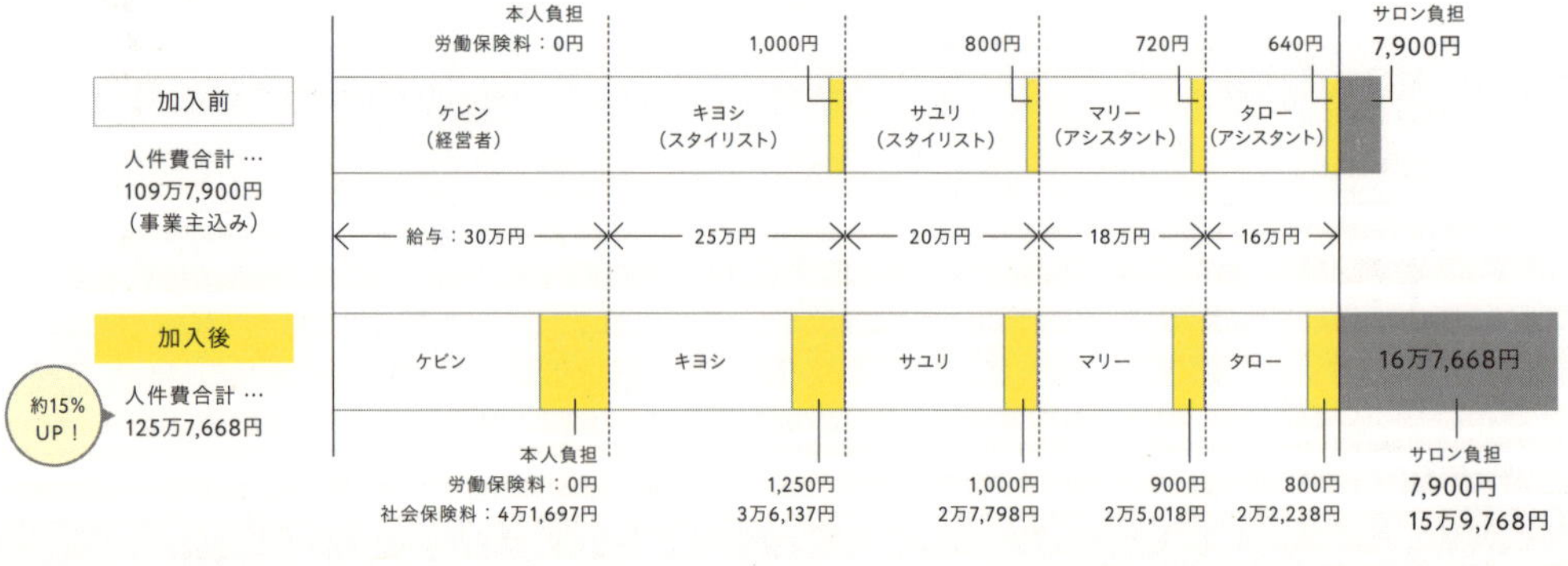

※社会保険料、税率は2016年7月1日現在。

と保険料負担の双方を想定し、法人化後も黒字となるか否かで判断することです。メリットばかりを追って法人化してしまうと、社会保険料が経営を揺るがしかねません。社会保険料は給与をもとに算出されるため、利益を抑えようと経営者の給与を高く設定している法人は要注意です。また、これまでは社会保険に加入せず、節税の恩恵だけを享受する法人サロンも少なくありませんでしたが、年金事務所の取り締まりがさらに強化される今後は、まず無理と考えてください。

　社長という言葉に浮かれるケビンは、分かっているのかしら…。

社会保険料を払えるか、
私はそれだけが心配

結論……

利益が500万円以上出せて社会保険料が払えるなら法人化OK

メリットの多い法人化。社会保険が唯一にして最大の関門といってよいでしょう。

ぽお〜〜
オレもついに社長か…

[法人化に関する補足]

節税できる理由

個人事業の場合は、売上から費用を引いたもうけ＝事業主の取り分（事業所得）とされ、これが所得税の課税対象となる。

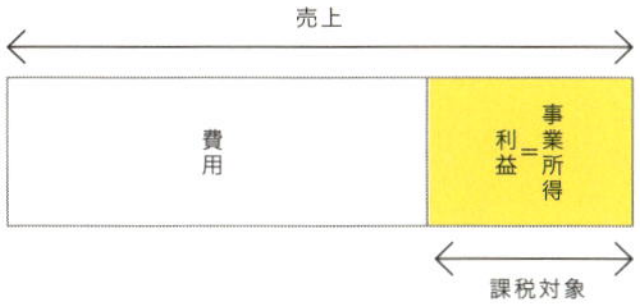

売上
費用
利益＝事業所得
課税対象

法人の場合は、事業から社長の給与が支払われる。たとえもうけ全てを社長の給与としても、「給与所得控除」により所得税の課税対象は個人事業の場合より小さくなる。

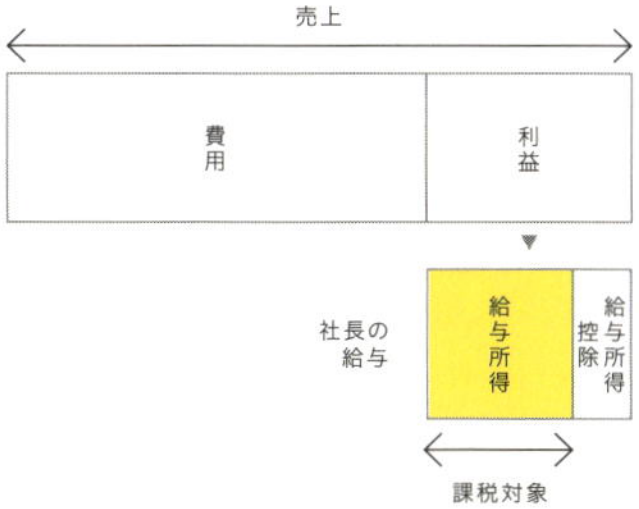

売上
費用
利益
社長の給与
給与所得
給与所得控除
課税対象

課税売上高とは

消費税の課税対象となる売上高のことで、国内での卸売、小売販売、サービス提供、建設、製造、賃貸などの売上高を指す。美容室の売上高はもちろん課税対象。

経営者の年間報酬

P.48の表の「年間報酬」は、法人化後の経営者の年間給与収入。ここでは、個人事業時代の事業所得を、法人化後も丸々経営者本人の役員報酬として法人から支給することを前提とした。実際に、法人の利益がゼロになるよう役員報酬を設定することが多い。

労働者数と社会保険

個人事業でも労働者が5人以上なら、社会保険加入が義務付けられる。ただし、理美容業を含むいくつかの特定事業は、例外的にこの強制を受けない。例えば、「あなたのサロンはスタッフ5人以上で、個人事業のままでも社会保険に強制加入となるのだから、いっそ法人化してはどうか」などとすすめられても、これは正しくないので注意。

12. 社会保険加入カウントダウン

サロンの発展を願い、法人化を決意したケビン。
社会保険への加入は、首尾よく済むでしょうか。

法人化したら まず保険の手続き

法人化にあたり、会社設立の手続きや税務上の届出については、専門家の指示を仰ぐのが安心です。労務上の手続きとしては、労働保険（労災保険と雇用保険）の変更と社会保険（健康保険と厚生年金保険）への加入を行ないます。

コホン
コホン！
えー、このたび我がサロンは
会社として
再出発することになりました。

1. 労働保険の変更

個人事業か法人かに関係なく、スタッフを雇ったら、労働保険へ加入させなければならないことはすでに学びました(8ページ参照)。法人化すると事業所名が変わるため、この変更を届け出る必要があります。

なお労働保険は労働者の保護を目的とするため、個人事業主も法人の社長も、原則、加入できません。つまり、ケビンは対象外です。

2. 社会保険加入

法人化すると、全スタッフに、社会保険加入が義務付けられます。また、個人事業の事業主は加入対象となりませんが、法人化すると社長も法人から報酬を受ける立場となるため、社員同様、加入が必要。たとえ社長一人だけの法人でも強制加入です。

あまり例はありませんが、個人事業のうちから社会保険に任意加入している場合は、法人化に伴う事業所名の変更届けと代表者の新規加入手続きを行ないます。

新たに加入する場合は、52ページの届出をします。繰り返しますが、法人化すれば社会保険加入は免れないと考えてください。

事業所の種類と保険加入義務

		個　人	個人経営	法人経営
労働保険	労災保険	―	強　制	強　制
	雇用保険	―	強　制	強　制
社会保険	健康保険	国民健保	協会／組合健保	
		強　制	任　意	強　制
	介護保険(40歳以上)	強　制	任　意	強　制
	年金保険	国民年金		
		強　制	強　制	強　制
		厚生年金		
		―	任　意	強　制

労働保険の変更手続き

- いつ…法人化するとき
- どこへ何を…

①「労働保険 名称、所在地等変更届」を管轄の労働保険監督署へ

②「雇用保険 事業主事業所各種変更届」を管轄のハローワークへ

法人化を飛躍へつなげるために

48ページでも触れた通り、社会保険への加入は法人の義務であるばかりでなく、サロンとスタッフ双方に保険料の負担が生じます。

保険料は、各労働者の「標準報酬月額」に保険料率を乗じて算出します。使用者は毎月、労働者の給与から本人負担分の保険料を差し引いて預かり、事業所負担分と合わせて翌月末日までに年金事務所に納付します（実際は納付書にて銀行振込または口座振替）。

また、賞与にも保険料はかかります。賞与を支給するときには、「標準賞与額」に保険料率を掛けて保険料を計算し、支給月の末日までに前月分の保険料と合わせて納付します。

社会保険加入に当たっては、サロン負担分の保険料を賄うことだけでなく、スタッフにその意義と負担を理解させる必要があります。本来、社会保険はスタッフ本人のもしもの事態や将来の生活を支えるものであるにもかかわらず、その認識がないと「手取り金額が減る」と表面的に捉えられ、加入へ

社会保険の加入手続き

- いつ
  - ・個人事業で任意加入するとき
  - ・法人化して5日以内
- どこへ…管轄の年金事務所
- 何を…

提出書類

1 「新規適用届」
2 「被保険者資格取得届」
3 被扶養者がいる場合「被扶養者異動届」
4 「保険料口座振替納付（変更）申出書」
5 任意加入の場合「健康保険・厚生年金保険 任意適用同意書」

＋

添付書類

6 登記簿謄本（原本）
7 店舗を借りている場合、賃貸借契約書
8 労働者名簿
9 出勤簿
10 直近の賃金台帳
11 源泉所得税の領収書
12 個人事業の場合、事業主世帯全員の住民票

社会保険料の仕組み

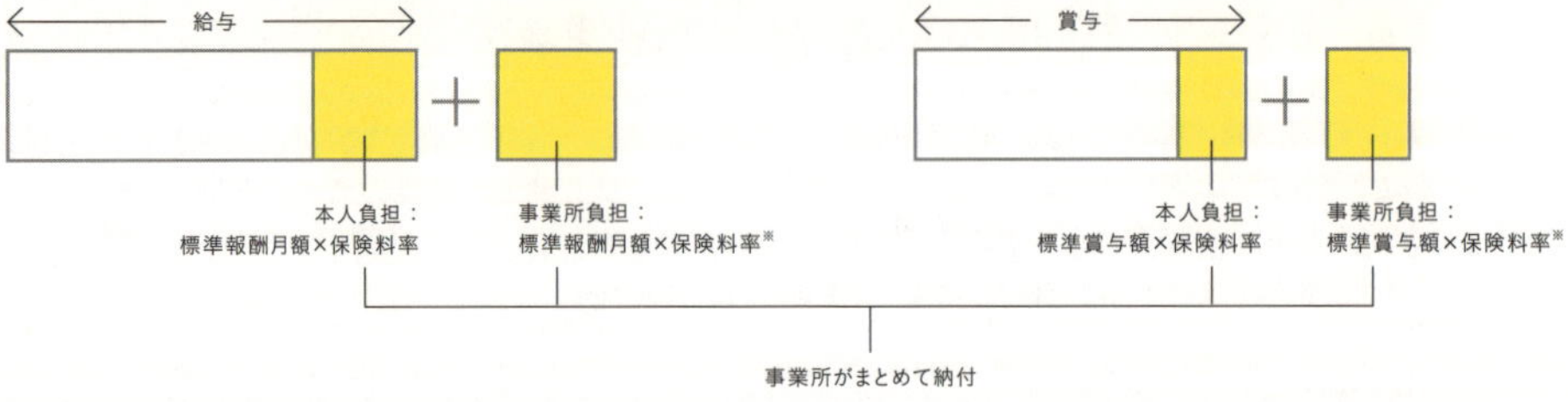
給与
本人負担：
標準報酬月額×保険料率
事業所負担：
標準報酬月額×保険料率※
賞与
本人負担：
標準賞与額×保険料率
事業所負担：
標準賞与額×保険料率※
事業所がまとめて納付

※事業所は、「子ども・子育て拠出金」を合わせて負担する。2016年度の金額は、標準報酬月額合計・標準賞与額合計×0.2％。

の抵抗や意欲の低下、退職へつながる可能性もあります。

なお、給与から保険料を天引きするとはいえ、それまで給与の中から国民健康保険料や国民年金保険料を個人で支払っていたことを思えば、手元に残る金額はそれほど変わらないことも多いものです。

いずれにせよ、使用者が社会保険の意義をスタッフに正しく伝え、全員の納得を得ることが大切ですから、まずはケビン自身が社会保険を勉強する必要がありそうです。

次は、法人化したケビンのサロンを例に、社会保険をはじめ福利厚生の整え方、雇用体系、給与体系の工夫など、組織づくりに必要な労務の知識を学びましょう。

結論……

法人化最大の難所、社会保険加入
知って入ってしっかり払おう

社会保険加入は経営者とスタッフの両方にとって重大事項。正しい認識を共有しましょう。

ついては、
社会保険に入る…
何それ？
給料減っちゃうの？
入れるかしら？
パートの私も
ヒソヒソ…
ザワザワ…
ザワザワ…

[社会保険の補足]

監視の強化
社会保険加入を監視する年金事務所は厚生労働省の管轄。一方、法人登記を受け付けるのは法務省。以前は縦割り行政の中、年金事務所は個々の検査や告発に基づき、加入指導をしてきた。しかし現在は両者が連携し、年金事務所は法人登記簿をもとに、未加入の事業所を洗い出している。
また「マイナンバー制度」の開始により、各法人・個人の情報が一元管理されるため、摘発の精度はさらに上がるとされる。

標準報酬月額
給与額をいくつかの等級に分けたもの。毎月、実際の給与に基づき保険料を算出すると事務作業が煩雑になるため、各従業員が当てはまる等級に基づき計算する。

標準賞与額
賞与金額の1,000円未満を切り捨てた額。年3回以下の賞与については、これをもとに保険料を算出する。

保険料の変更
加入から1年間は、加入時の標準報酬月額をもとに保険料を算出。その後、以下のときに標準報酬月額を見直す。
〇定時決定（毎年7月）
4～6月の給与平均から、9月以降の標準報酬月額を決定。年金事務所に「算定基礎届」を提出。
〇随時決定（給与が大幅に変動したとき）
固定的賃金の変動や給与体系の変更があった場合。年金事務所に「月額変更届」を提出する。

パートタイマーの社会保険加入
〇労働時間が正規スタッフの3/4以上
〇労働日数が正規スタッフの3/4以上
の両方に該当するとき、社会保険の被保険者資格が得られる。

13. 健康保険のありがたみ

法人化を決め、社会保険について勉強を始めたケビン。健康保険とは、何のためにあるのでしょう?

国民同士が助け合う知恵

法人化すると、社会保険への加入が義務付けられます。社会保険は、健康保険と厚生年金保険の総称。まずは前者について学びます。

健康保険とは、平時に加入者から集めた保険料を元手に、病気やケガでお金が必要な人に保障を与

先輩フットサルしましょうよ
気を付けろよ。ケガしたら一大事だぞ!

える、相互扶助の制度。日本では「国民皆保険」といって、一定の場合を除く全国民が健康保険に加入して助け合います。最もポピュラーな保障は医療費の一部肩代わり。病院にかかるとき、被保険者証（健康保険証）を提示すれば、医療費の7割が保険から支払われ、本人負担は3割で済みます。

さて、個人事業の間は、社会保険に任意加入しない限り、経営者もスタッフも「国民健康保険」へ加入しており、給与の中から各自が収入や年齢、家族構成に合わせた保険料を全額個人で支払います。

これが、法人化して社会保険に加入すると、市町村が運営する個人対象の国民健康保険から、組合や協会が運営する事業所対象の健康保険に変更となります。最も大きな違いは、保険料の負担が、本人だけでなく、勤務する事業所にも割り当てられること。サロンはスタッフ負担分の保険料を給与から天引きして預かり、事業所負担分の保険料と合わせて納付します。

では、スタッフの健康に関する負担を、なぜサロンも担うのか。これを理解するために、健康保険のその他の保障を見てみましょう。

国民健康保険と健康保険　制度の違い

	国民健康保険	健康保険
保険者	市町村・国民健康保険組合	健康保険組合・健康保険協会
被保険者	個人事業の事業主や労働者とその家族、失業者など他の公的な健康保険に加入していない人	原則として法人に勤務する労働者とその家族
保険料	全額本人が負担 所得割…前年の所得に応じた負担分 ＋ 資産割…資産に応じた負担分 ＋ 均等割…世帯ごとに一定の基本料 ＋ 人数割…人数に応じた負担分 市町村ごとの規定に基づき、これらを組み合わせて決定される。	事業所と本人が負担 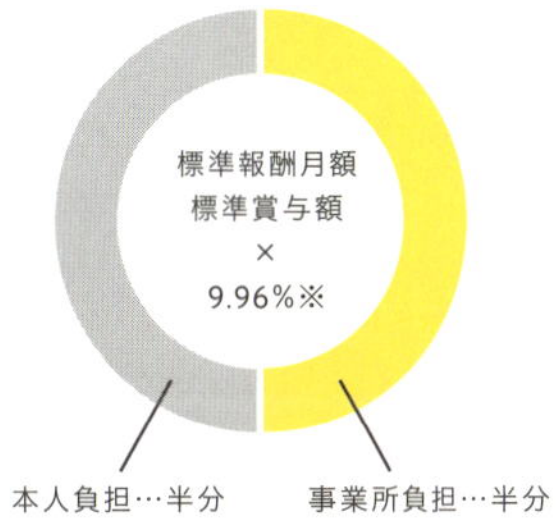 標準報酬月額 標準賞与額 × 9.96％※ 本人負担…半分 事業所負担…半分 ※都道府県により保険料率は異なる。ここでは2016年7月1日現在、東京都の場合。最新情報はP.112。

スタッフの健康はサロンにも有益

国民健康保険と健康保険、医療費の自己負担3割以外の保障は次の通りです。

1．共通の保障

●高額治療を受けたとき

同一人物の同一医療機関に支払う1ヵ月間の医療費が一定額を超えた場合、超過分が「高額療養費」として払い戻されます。

●子どもを産むとき

妊娠4ヵ月以上の出産、死産のとき、「出産育児一時金」として、1人当たり42万円が支払われます。

●死亡したとき

遺族、または埋葬を行なった人へ、国民健康保険の場合は「葬祭費」として3~7万円、健康保険の場合は「埋葬料」として上限5万円が支払われます。

2．健康保険のみの保障

●治療で休むとき

加入者本人が病気やケガで働けず、事業所から給料が支払われない場合、「傷病手当金」として過去12ヵ月間の標準報酬月額※の平均額の3分の2が支給されます。支給開始は休業4日目から、期間

国民健康保険と健康保険　保障の違い

		国民健康保険	健康保険	
			被保険者	被扶養者
病気・ケガ	被保険者証を提示したとき	医療を一部負担金（3割）で受けられる		
	高額の治療を受けたとき	一定金額を超えたとき、超過分が払い戻される 証明書を受ければ窓口負担が軽減される		
	海外で治療を受けたとき	日本の医療費を基準に換算して一部が払い戻される		
	仕事を休んだとき		傷病手当金が支給される	
出産	出産したとき	出産一時金が受けられる		
	仕事を休んだとき		出産手当金が支給される	
死亡	死亡したとき	葬祭費が支給される	業務上・通勤災害以外で死亡したとき、埋葬料が支給される	家族埋葬料が支給される

※標準報酬月額…給料など、労働者が受け取る毎月の報酬額を、区切りの良い幅で等級に区分したもの。

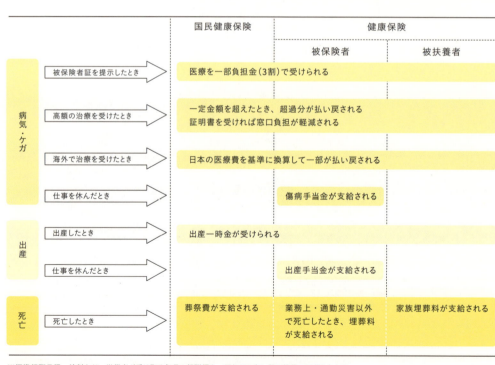

は1年半以内の休んだ日数分。

●出産で休むとき

加入者本人が出産のために働けず、事業所から給料が支払われない場合、「出産手当金」として傷病手当金と同様の金額が支給されます。支給期間は出産日以前42日と出産日の翌日から56日。

●扶養家族への保障

加入者が養う家族に対して、「医療費負担3割」「家族出産育児一時金」「家族埋葬料」など。

——最大の差は、健康保険にのみ休業時の給与保障がある点です。スタッフが退職せずに治療や出産に臨めれば、サロンにも好都合。無駄なく活用するため、受給の要件や手続きを共有しましょう。

結論……

健康保険は健やかな勤務生活を支え、経営者の責任を一部肩代わりする。

事業所に勤務する労働者を想定した健康保険は、国民健康保険よりも手厚い保障を備えています。

[保険変更時の注意点]

スタッフの手続き

社会保険に加入すると、各スタッフはそれまで加入していた国民健康保険から脱退し、健康保険へ加入することとなる。
このとき各スタッフは、新しい健康保険証が発行されてから、市区町村へ国民健康保険の脱退手続きを行ない、古い保険証を返却する。国民健康保険料を多く支払っている場合、還付金請求を行なうことができる。

美容国保の継続

個人事業として国民健康保険組合（美容国保など）に加入している場合、事業主負担がなく保険料も低めなので、法人化後も継続を望む場合が多い。法人化と同時に社会保険の加入手続きを行ない、承認を得られれば「国民健康保険＋厚生年金」のセットで加入できる。所属する国保組合からの証明付き申請書を提出して承認を得ること。

[健康保険のポイント]

メンタルヘルス対策

健康保険の最大のメリットは傷病手当金があること。近年増えているうつ病などの精神疾患で仕事を休む場合も、傷病手当金が支給される。社会保険未加入の場合、スタッフは精神疾患にかかっても、休むと生活保障がないため、無理に働き続け、重症化し退職へつながりやすい。この場合、事業主が「安全配慮義務違反」に問われる可能性もある。

保障の請求

健康保険から医療費や手当を受給するには、受給者からの申請が必要とされる。健康保険に加入しただけで給付が受けられるわけではないので注意。経営者は、健康保険に関係しそうな事態を迎えたら、保険者や社会保険労務士に問い合わせるなど、迅速に対応したい。

介護保険

1997年に制定された介護保険法により、40歳以上のスタッフは自動的に介護保険に加入し、健康保険料と合わせて事業所と本人が介護保険料を負担する。

14.厚生年金の偉大なチカラ

法人化すると、加入が義務付けられる厚生年金保険。国民年金とどう違うのでしょう。

切り替えではなく追加される年金

公的年金制度は、老後の生活資金を支給するだけでなく、障害を負ったり家族を残し死亡したりした後の、生活保障も行なうセーフティネットです。日本では一定の場合を除き、全国民が年金保険に加入し、互いに助け合っています。

さて、サロンが法人化し社会保険へ加入すると、経営者もスタッフも、「国民年金」から「厚生年金保険」へ移行します。

ただし、年金保険の場合は、54ページで学んだ健康保険のように、前者をやめて後者に入るわけではありません。正しくは、前者に加えて後者に入るイメージです。

日本の年金制度はよく建物にたとえられます。まず、原則20歳以上60歳未満の全国民が加入する国民年金は、「基礎年金」とも呼ばれ、最も基本的な最低限の保障をするもの。建物でいえば1階部分に当たります。

これに加えて、法人に勤める人や公務員はさらに手厚い保障を受けるため、「厚生年金保険」に加入します。これが2階部分。社会保険に入ると、もちろん年金保険料の負担も増えますが、安心を上乗せできるというわけです。さらに、業種や企業によっては3階建ての年金制度を用意しているところもあります。

つまり、社会保険に加入することは、年金保険において、将来への備えをより堅固にできるということです。

年金の種類と加入者

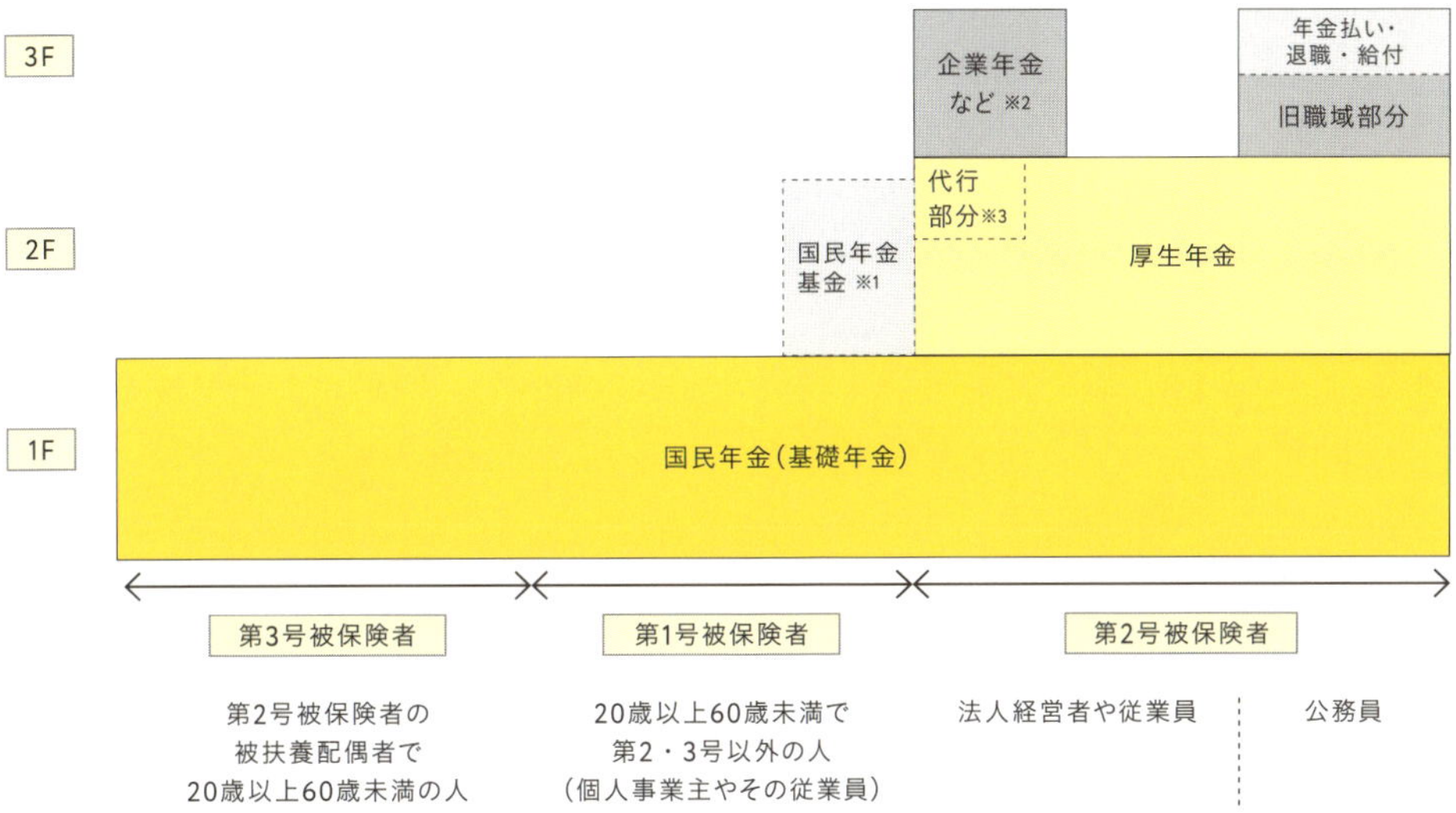

※1. 第1号被保険者が基礎年金に年金額を上乗せしたい場合に、任意で加入する公的な年金制度。
※2. 企業・業界単位で加入する企業年金。公的年金への上乗せを目的とする。
※3. ※2が厚生年金基金の場合、厚生年金保険料の一部を代行運用する。

困ったときの生活のために

　年金制度の役割は、加入者が収入を得られなくなったとき、生活費を継続的に支給することです。保険料は、国民年金のみ加入の場合、全額本人が負担し、各自が厚生労働省の年金局に支払います。厚生年金保険に入ると、保険料は事業主と本人とが折半し、事業主が本人負担分を給与天引きし、事業主負担分と合わせて払います。主な保障は次の3種類です。

●老齢年金

　高齢になり働かなくなった後の生活保障。国民年金の一律・定額な老齢基礎年金を基本とし、厚生年金加入者には、報酬比例部分(勤務時の給与に応じた支給額。保険料は給与をもとに計算されるため、納付額が多いほど年金額が高くなる)が追加されます。

●障害年金

　病気やケガで障害を負い、収入を得られなくなったときの保障。国民年金では、障害等級2級以上の場合に、障害基礎年金が支払われます。厚生年金に加入すると、3級も保障対象となるほか、過去

社会保険加入前後の年金の違い

	社会保険加入前	社会保険加入後
年金の種類	国民年金	国民年金＋厚生年金
保険料負担	本人が全額負担	事業所と本人が折半 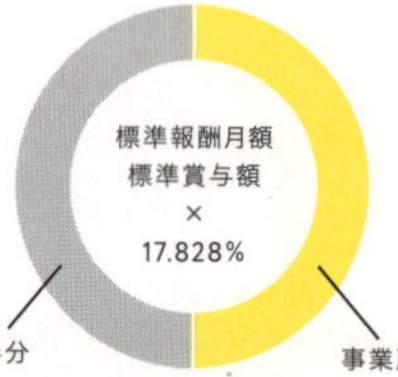標準報酬月額 標準賞与額 × 17.828% 本人負担 半分 事業所負担 半分
保険料※1	1万6,260円	標準報酬月額20万円： 3万5,656円(本人負担1万7,828円) 標準報酬月額30万円： 5万3,484円(本人負担2万6,742円)
老齢年金※2	老齢基礎年金のみ 国民年金のみ受給者の平均受給月額 5万4,622円	老齢基礎年金＋報酬比例部分 厚生年金受給者の平均受給月額 14万8,409円
障害年金	障害等級1級：年間97万5,100円　障害等級2級：年間78万100円	
		■厚生年金保険料の支払い額や配偶者の有無などにより増額 ■障害等級3級でも給付あり
遺族年金	18歳未満の子がいる場合に遺族基礎年金を支給	
		■生前の厚生年金保険料の支払額に応じた年金をプラス ■配偶者や18歳以上の子にも条件により「中高年寡婦加算」

※1. 保険料は2016年7月1日現在。最新情報はP.112。
※2. 受給額は厚生労働省「平成25年度 厚生年金保険・国民年金事業の概況」より。

の報酬額や配偶者の有無により支給額が上乗せされます。

●遺族年金

国民年金では、死亡した加入者に18歳未満の子がいる場合のみ、遺族基礎年金が支給されます。子のいない配偶者には支給されず、子が18歳になると打ち切りとなります。一方、厚生年金に入ると、保険料の納付額に応じ支給額が増す上、条件により配偶者や18歳以上の子にも、老齢基礎年金支給開始まで遺族年金が支給されます。

――以上の通り、厚生年金保険に入ることで、スタッフは将来の不安なく仕事にまい進できます。彼らの人生を担う経営者として、意義を理解し共有したいものです。

結論……

厚生年金でもっと安心
だからますます仕事に熱中!?

国民年金に加え、厚生年金に加入することで、将来の不安が薄れ、安心して働くことができます。

未来が不安じゃ
働けないものね♪
負担が増える分
保障も
手厚くなるんだ
厚生年金
国民年金

[年金制度の補足]

国民年金基金

国民年金の加入対象である第1号被保険者（自営業者とその家族・従業員、自由業、学生など）と、60歳以上65歳未満で国民年金に任意加入している人が、任意で加入できる公的年金保険。

共済年金の廃止

国家公務員や地方公務員が国民年金に加えて加入する公的年金として、「共済年金」という制度があったが、2015年、被用者年金制度の一元化により厚生年金保険に統一された。これに伴い、3階部分に当たる「職域部分」が廃止され、新たに「年金払い退職給付」が創設された。

[老齢年金のポイント]

年金の受給資格期間

年金の支給を受けるためには、原則として保険料納付済期間が「25年以上」必要となる。ただし、社会保障制度の充実の一環として、消費税率の10%への引き上げ時期に合わせ、年金の資格期間が「10年以上」に短縮されることが予定されている。

マクロ経済スライド

従来、公的年金の給付金額は、前年の消費者物価指数の変動に応じ自動的に改定される「物価スライド」方式がとられてきた。しかし2005年4月より、平均余命の伸びや経済状況を考慮して給付水準を調整する「マクロ経済スライド制」が導入され、公的年金の支給額が賃金・物価の上昇分より抑えられる可能性が生まれた。

「もらえないから払わない」

日本国家が破綻しない限り、年金の給付がなくなることはない。ただし、貯金と違い、自分の納めた保険料を元手に年金を受け取るのではなく、現役世代が支払う保険料を高齢者に給付する「世代間扶養」の仕組みが取られているため、今後現役世代に対する高齢者の比率が増えれば、年金額が下がる可能性はある。しかし、年金には障害を負ったときや家族を残して死亡したときの補償もあるので、変わらず意義は大きい。

15・パート雇用の注意点

子育て中のサユリは、パートタイム労働者。
ケビンは正しく雇い入れたのでしょうか。

多様な人材を活用するために

人材不足といわれる美容業界で、スタッフが結婚・出産後も仕事を続けられる手段、また資格がありながら職を離れた人を活用する手段として、パートタイム雇用は一考の価値があります。

パートタイム労働者（短時間労

働者）とは、「1週間の所定労働時間が同一の事業所に雇用される通常の労働者よりも短い労働者」のことです。〝通常の〟労働者とは、いわゆる正規雇用のスタッフ。「パート」というと、子どもを保育園に迎えに行くため毎日午後5時に勤務終了するなど、曜日・時間固定のケースを想像しがちです。しかし、シフト制で都合に合わせて働くいわゆる「アルバイト」も法律上用語の定義はなく、全てパートタイム労働者として扱います。

パートタイム労働者の雇用に当たり、使用者は①労働条件の明示と②就業規則の制定を行ないます。①は雇用契約書や労働条件通知書などにより、労働条件を事前に示すことで、6ページで学んだ通り。②について、就業規則の届出義務は従業員10人以上で生じますが、そうでなくても、正規スタッフ用の就業規則を制定しており、かつ正規スタッフとパートスタッフとで待遇やルールが異なる場合には、必ずそれを明記する必要があります。パート用の就業規則がなければ、正規スタッフの就業規則を適用するものと見なされる場合があります。

パートタイム労働者のメリット

働く側	雇う側
■限られた時間で働ける ■業務上の責任が軽減される場合が多い（教育・店舗管理など） ■社内行事などへの参加義務がない場合が多い	■時間や人数の調整がしやすい ■人件費を抑えられる（昇給・賞与・退職金などをなくす場合が多い） ■結婚・出産に伴う退職を防ぎやすい

パート用就業規則のポイント

①正規スタッフと異なる項目は明記する	②正規スタッフと同じ項目は「正規雇用の規定を準用する」ことも可能。
■給与形態（時給制をとる場合や手当が異なる場合など） ■退職金の有無 ■契約期間の有無 ■勤務日の設定 ■慶弔見舞金などの規定 ■休職の規定 など	※ただし、職種や責任の度合いが明らかに異なる場合、それに見合った内容に変更することが好ましい。

パートを迎える責任と義務

パートタイム労働者は、待遇面で正規スタッフより不利に扱われやすい状況にありました。そこで2015年4月に「パートタイム労働法」が改正施行され、使用者に以下の項目が義務付けられました。

①公正な待遇の確保

正規スタッフとの待遇の違いは、職務や異動の有無などを踏まえて、公正でなければいけない。例えば、同じ店で同じ仕事をしているのに、パートスタッフの給与が正規のスタッフより極端に低い場合など、民事訴訟で不合理と認められると、労働契約が無効とされる。

②雇い入れ時の説明

労働条件提示義務に加え、●正規スタッフの職務内容・配置変更との差異、それにより待遇がどうなるか、●賃金・教育訓練・福利厚生の内容、●正規スタッフへの転換推進措置、について口頭説明する努力義務が課せられた。

③相談体制の整備

パートスタッフからの雇用管理に関する相談に対応する窓口を設置

パート雇用・サユリの場合

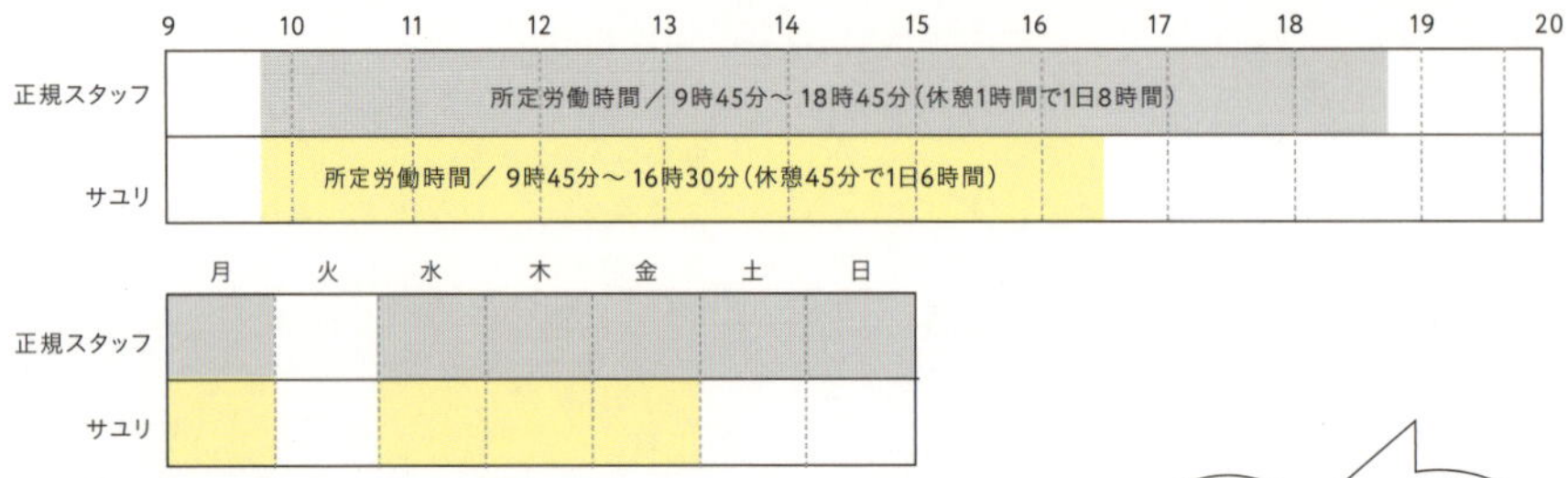

9 10 11 12 13 14 15 16 17 18 19 20
正規スタッフ
所定労働時間／ 9時45分～ 18時45分（休憩1時間で1日8時間）
サユリ
所定労働時間／ 9時45分～ 16時30分（休憩45分で1日6時間）
月 火 水 木 金 土 日
正規スタッフ
サユリ

Q.有給休暇はもらえる？

YES！
- 勤続6ヵ月以上
- 全労働日の8割以上勤務

の2つを満たせば、左表の通り付与される。週4日勤務で勤続半年のサユリは、7日もらえる。

Q.お給料はどのくらい？

時給制、固定給＋歩合給など給与体系や水準はサロンによる。以下の2点が守られているか要確認。
- 最低賃金をクリアしているか
- 正規スタッフの職務・配置と比較し公正に算出されているか

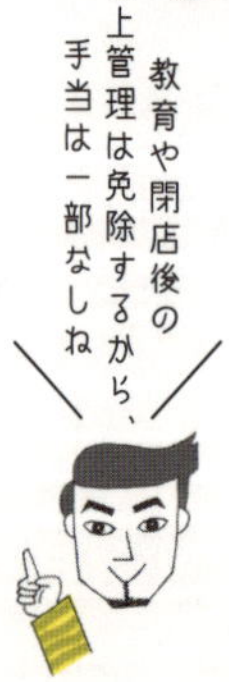

教育や閉店後の売上管理は免除するから、手当は一部なしね

Q.休憩はもらえるの？

YES！

法定休憩時間に従い、
- 6時間を超える労働で45分以上
- 8時間を超える労働で60分以上

Q.17時まで働いたら、残業代が出る？

労働契約時間外の労働0.5時間分の時給が支払われる。ただし法定の割増賃金は、1日8時間、1週40時間（従業員10人未満なら44時間）以上働いたとき発生するため、この場合は対象外。

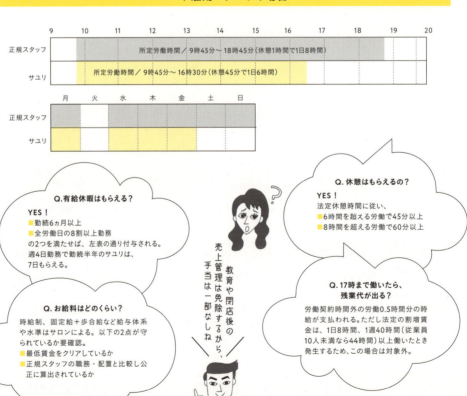

する。
――以上が守られず、厚生労働大臣からの助言↓指導↓勧告に従わないと、事業主名が公表されます。美容室がこれらを厳密に行なうことは難しいかもしれませんが、パートタイム労働者への待遇に対してチェックが厳しくなっている点は、理解してください。

なお、たとえ短時間のパート一人でも、従業員を雇用したら事業所は即、労災保険へ強制加入となります。雇用保険と社会保険については、それぞれ労働時間によって加入要件が決まっています。

パートスタッフの活用には、本人と周囲の納得が欠かせません。公正な待遇で、誰もが安心して働けるお店にしましょうね、ケビン。

結論……

パートは大切なメンバー 給与も条件も対等に

パートといえど、勤務時間が短いだけで、労務の基本は同じです。正規スタッフの待遇を基準に、不公平感のない対応をしましょう。

働き方によるから、
左記を確認してね！

夫の扶養家族でいれば、
夫の健康保険に
入っていられるのよね…？

Q.雇用保険・社会保険は入れる？

■雇用保険：加入要件は、週20時間以上勤務
→**YES！**

■社会保険（健康保険・年金保険）：加入要件は、正規スタッフに比べ
・1ヵ月の労働日数が3/4以上
・1週間の労働時間が3/4以上
であること。
→**NO！**

[パート雇用の補足]

有給休暇の付与日数

		正規	パート			
週所定労働日数		―	4	3	2	1
年所定労働日数		―	169〜216	121〜168	73〜120	48〜72
勤続期間	半年〜	10	7	5	3	1
	1年半〜	11	8	6	4	2
	2年半〜	12	9	6	4	2
	3年半〜	14	10	8	5	2
	4年半〜	16	12	9	6	3
	5年半〜	18	13	10	6	3
	6年半〜	20	15	11	7	3

※週5日以上または年間217日以上勤務の場合は、正規雇用と同じ日数。

扶養家族でいたい問題

主婦などが家計の補助としてパート勤務する場合、税金や社会保険料の節約のため、夫などの「扶養・控除の範囲」で働くことを希望することが多い。収入が一定水準を超えると税法上、保険上の扶養家族ではなくなり、家族や本人の負担が増えるためだ。
ただし、社会保険の加入要件は給与額ではなく労働時間。たとえ収入が年103万円以下であっても、正規スタッフの労働日数、労働時間の3/4以上働いていれば、本人が希望しなくても加入させなければならない。

例／正社員の夫を持つパート勤務の妻の収入が
■年103万円を超えると…
①妻の収入に所得税がかかる。
②夫の所得税が「配偶者控除」(養う人がいる分の減税措置）の対象を外れ、「配偶者特別控除」(控除額が年収に応じ減額）の対象となる。
■年130万円を超えると…
社会保険上、夫の扶養家族でなくなるため、妻は夫の保険を抜け、自ら社会保険に加入し、保険料を負担する。これを避けるには①正規スタッフの3/4未満の勤務に抑え、②収入を月10万8,333円以下（交通費込み）にする。
■年141万円を超えると…
夫の所得税から「配偶者特別控除」がなくなり、満額納税することとなる。

16. 管理監督者って何？

経営者らしく、経費削減に取り組むケビン。何かたくらみ、キヨシを呼び出したようです…。

普通のスタッフとは違う経営者に近いスタッフ

サロンが成長し、人や店舗が増えてくると、経営者が一人でサロン運営を取り仕切ることは難しくなります。そのため、「マネジャー」とか「店長」というポジションをつくり、経営に関わる仕事の一部をスタッフに委ねて組織化してい

くことが一般的です。

経営者に代わって、経営上の判断を下したり、他を指揮したりするスタッフは、単なる労働者ではなく、使用者つまり経営陣に近い性質を持つため、労務上、「管理監督者」として区別されます。

最大の違いは、労働時間。管理監督者は自身の労働時間について裁量権があると見なされるため、労働基準法における労働者保護の色合いは薄れ、「労働時間、休憩及び休日に関する規定は適用されない」とうたわれています。つまり、1日8時間、1週40時間（従業員10人未満の美容室は44時間）という上限がないため、上限を超えた際に支払われる法定の「割増賃金」、つまり残業代や休日出勤手当が発生しないのです。ただし一方で、遅刻、早退、欠勤による給与控除はできませんし、有休や深夜労働に対する割増賃金は、一般のスタッフと同様に発生します。

以上のことから、管理監督者は経営者に「残業代を払わなくてよいスタッフ」と都合よく捉えられがちでした。しかし、経営者の一存で乱用することはできませんので、次のことに注意してください。

一般スタッフと管理監督者との待遇の違い

	一般スタッフ	管理監督者
法定割増賃金		

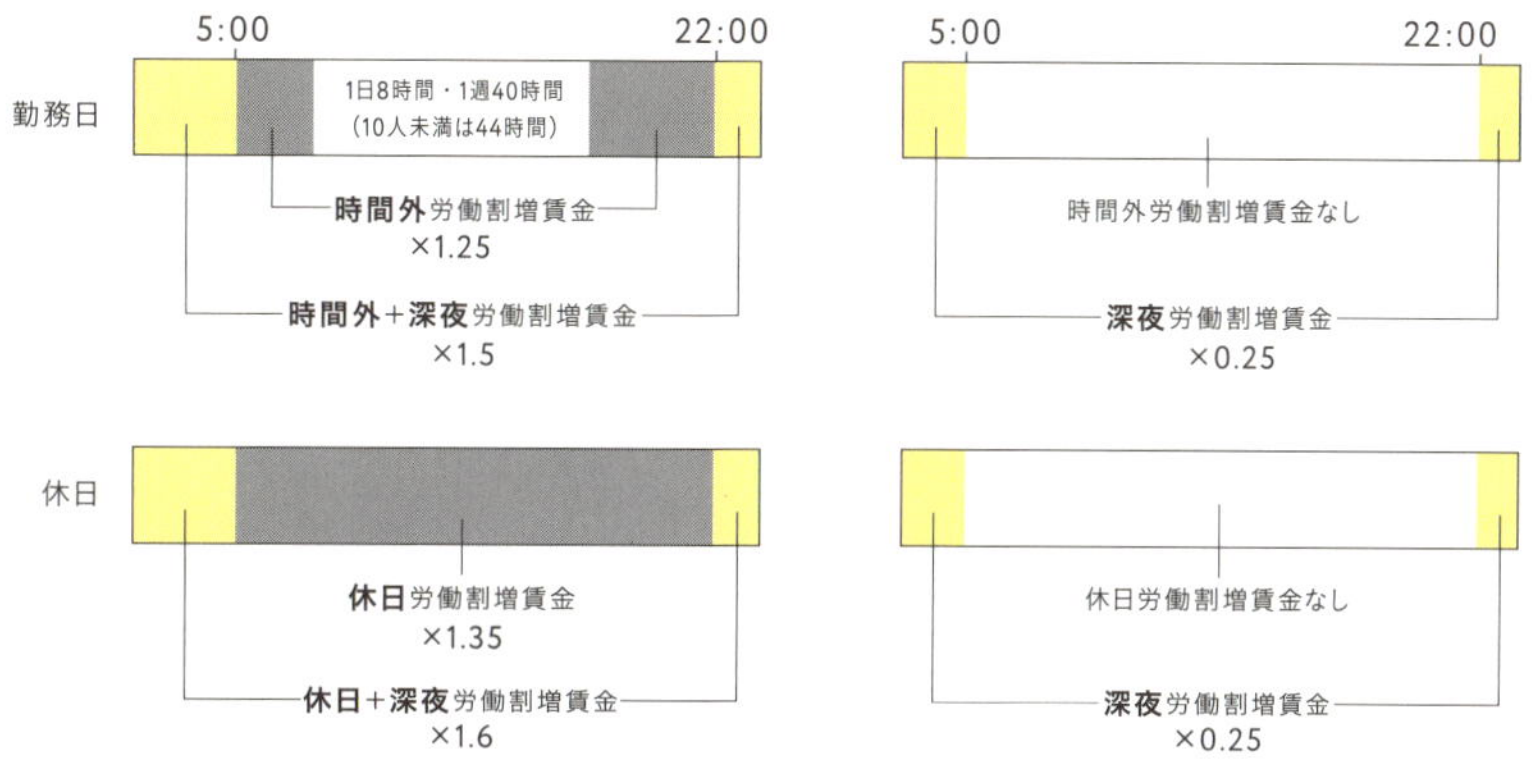

5:00
22:00
勤務日
1日8時間・1週40時間
(10人未満は44時間)
時間外労働割増賃金
×1.25
時間外＋深夜労働割増賃金
×1.5
5:00
22:00
時間外労働割増賃金なし
深夜労働割増賃金
×0.25
休日
休日労働割増賃金
×1.35
休日＋深夜労働割増賃金
×1.6
休日労働割増賃金なし
深夜労働割増賃金
×0.25

※数値は時間当たり賃金に掛ける割増率。

	一般スタッフ	管理監督者
休憩	6時間を超える労働で45分以上 8時間を超える労働で1時間以上	規定なし
有給休暇	あり	あり
遅刻・早退・欠勤控除	あり	なし

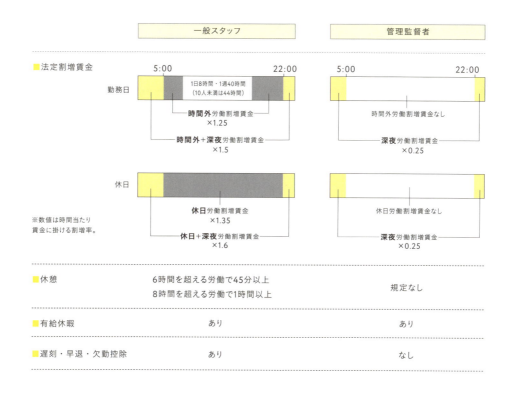

店長＝管理監督者とは限らない

　何年か前「名ばかり管理職」が話題になったのを覚えていますか？　外食産業や小売業で、店長などの肩書きを与えられた従業員が、十分な権利も報酬もなく、残業代なしの長時間労働を強いられていて社会問題化しました。

　大きな要因は、世間一般の「管理職」と、法律上の「管理監督者」の概念にズレがあることです。行政通達により、管理監督者は単に役職名で判別するのではなく、実態に照らして相応の権限や報酬を与えられた人のみを見なすことが明言されました。つまり、店長やマネジャーなどの称号を与えれば即、残業代なしで済むというものではありません。

　では、正確には管理監督者とは、どのような人を指すのでしょう。明確な基準はありませんが、一般に次のような条件が鑑みられます。

①採用の権限がある
面接に立ち会うだけでなく、採用決定権まで与えられていること。

②勤怠管理をされていない
出退勤管理や遅刻、早退、欠勤控

管理監督者の判断基準（行政通達）

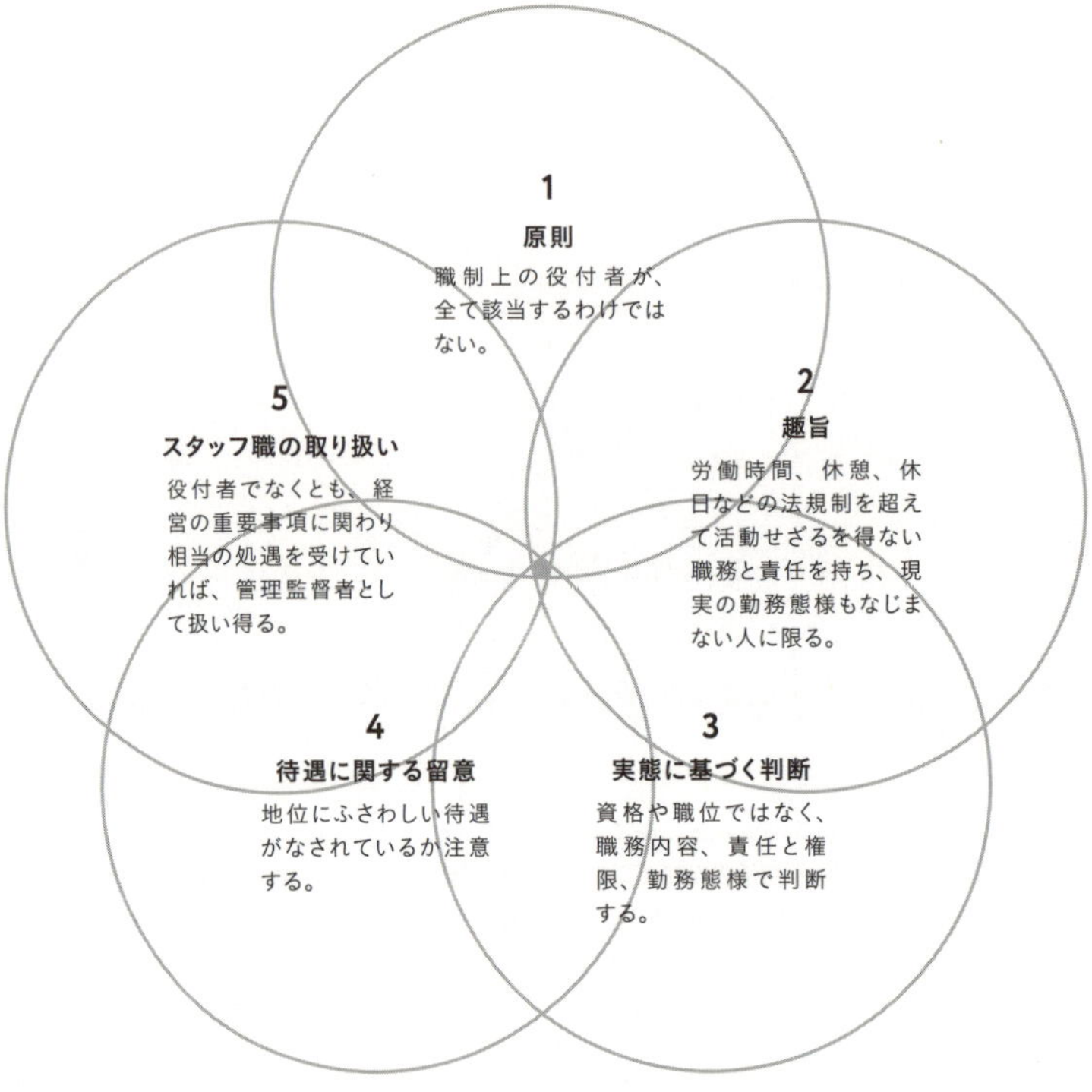
1
原則
職制上の役付者が、全て該当するわけではない。
2
趣旨
労働時間、休憩、休日などの法規制を超えて活動せざるを得ない職務と責任を持ち、現実の勤務態様もなじまない人に限る。
3
実態に基づく判断
資格や職位ではなく、職務内容、責任と権限、勤務態様で判断する。
4
待遇に関する留意
地位にふさわしい待遇がなされているか注意する。
5
スタッフ職の取り扱い
役付者でなくとも、経営の重要事項に関わり相当の処遇を受けていれば、管理監督者として扱い得る。

除などを受けないこと。
③人事考査の権限がある
スタッフの昇給試験などの合否決定権を持つこと。
④賃金決定権がある
⑤経営方針の決定に参画する
幹部会議への出席・報告だけでなく、発言権を有すること。
⑥相応の賃金を得ている
職責に見合う、他のスタッフより高額な報酬が支払われていること。
――管理監督者の定めは、労働時間の規定を超えて経営に携わる人材の必要性から生まれたものです。目先の残業代を考えるより、サロン運営を委ねられるスタッフを育てることこそ、真の経営者の仕事といえますよね、ケビン。

結論……

管理監督者は経営者と一体となり時間の枠を超えて働く大切な人材

経営者都合の管理職づくりでは、組織も人も育ちません。

そうね、まずは育成よ！
店長目指して、勉強を始めよう
ハイッ！

[管理監督者に関する判例]

管理監督者と認められた例

○事件名／徳洲会事件
○裁判所／大阪地方裁判所
○裁判日／1987年3月31日
○趣旨／
医療法人の人事課長について、タイムカードの打刻義務はあった（出退勤管理されていた）が、職務・権限・報酬の面で、
・人員配置・労働管理などにおいて経営者と一体的な立場にあり、
・看護婦採否の決定権があり、
・責任手当、特別調整手当がある、
ことから、管理監督者と見なされた。

管理監督者と認められなかった例

○事件名／マハラジャ事件
○裁判所／東京地方裁判所
○裁判日／2000年12月22日
○趣旨／
インド料理店にて日本人店長と共に勤務したインド人店長について、
・タイムカードを打刻し出退勤管理されており、
・役職相当の手当が支給されておらず、
・店舗の営業時間に拘束され、店長としての管理業務の他、接客、清掃などの一般業務が大部分を占め、
・採用権限はなかった、
ことから、管理監督者ではないと判断された。

○事件名／風月荘事件
○裁判所／大阪地方裁判所
○裁判日／2001年3月26日
○趣旨／
カラオケ店店長について、店舗運営全般を行ない、従業員を管理監督していたが、
・タイムカードの打刻や勤務予定表の提出が義務付けられており、出退勤や勤務時間が自由裁量であったとも認められず、
・会社の営業方針・重要事項の決定に参画する権限はなく、
・店舗の人事権もなく、
・ある時期までは残業手当が支給されていた、
ことから、管理監督者ではないと判断された。

17. 歩合給制はいかがでしょう

ベテランスタイリストから新人アシスタントまでそろったケビンのサロン。
誰もが納得する給与体系って、あるのでしょうか。

美容室の主流は固定給＋歩合給

美容室では、スタイリストになると、給料の一部または全てを、個人の売上に応じた変動制にすることが多いようです。この、実績に応じて変動する給与を「歩合給」と呼び、これを取り入れた給与制度を「歩合給制」または「出来高払い制」などと呼びます。

毎月金額が変わらない「固定給制」においては、個人の売上にかかわらず給与金額は毎月一定です。一方、歩合給制では、個人の売上によって給与金額が毎月増減します。このため歩合給制は、美容師をはじめとして営業職、販売員、タクシー運転手など、個人成績が明確に把握できる職種において、各自の人気や実力を報酬に反映させるために取り入れられています。経営者にとっては業績に連動して人件費を調整できるメリットがありますし、スタッフにとっては、頑張るほど稼げるため、モチベーションアップにつながります。

多くの美容室では、最低限の収入を保証する意味で、基本給として毎月固定の給与を設定し、そこへ売上に応じた歩合給を加算する方式がとられています。この場合、固定給と歩合給の割合に法的な規定はありません。個人売上重視のサロンであれば、歩合給の割合を高め、マネジメントや教育など、数値で測れない貢献度も求めるならば低めと、経営者の求める人物像や価値観により、ベストなバランスを探るとよいでしょう。

固定給と歩合給のバランス

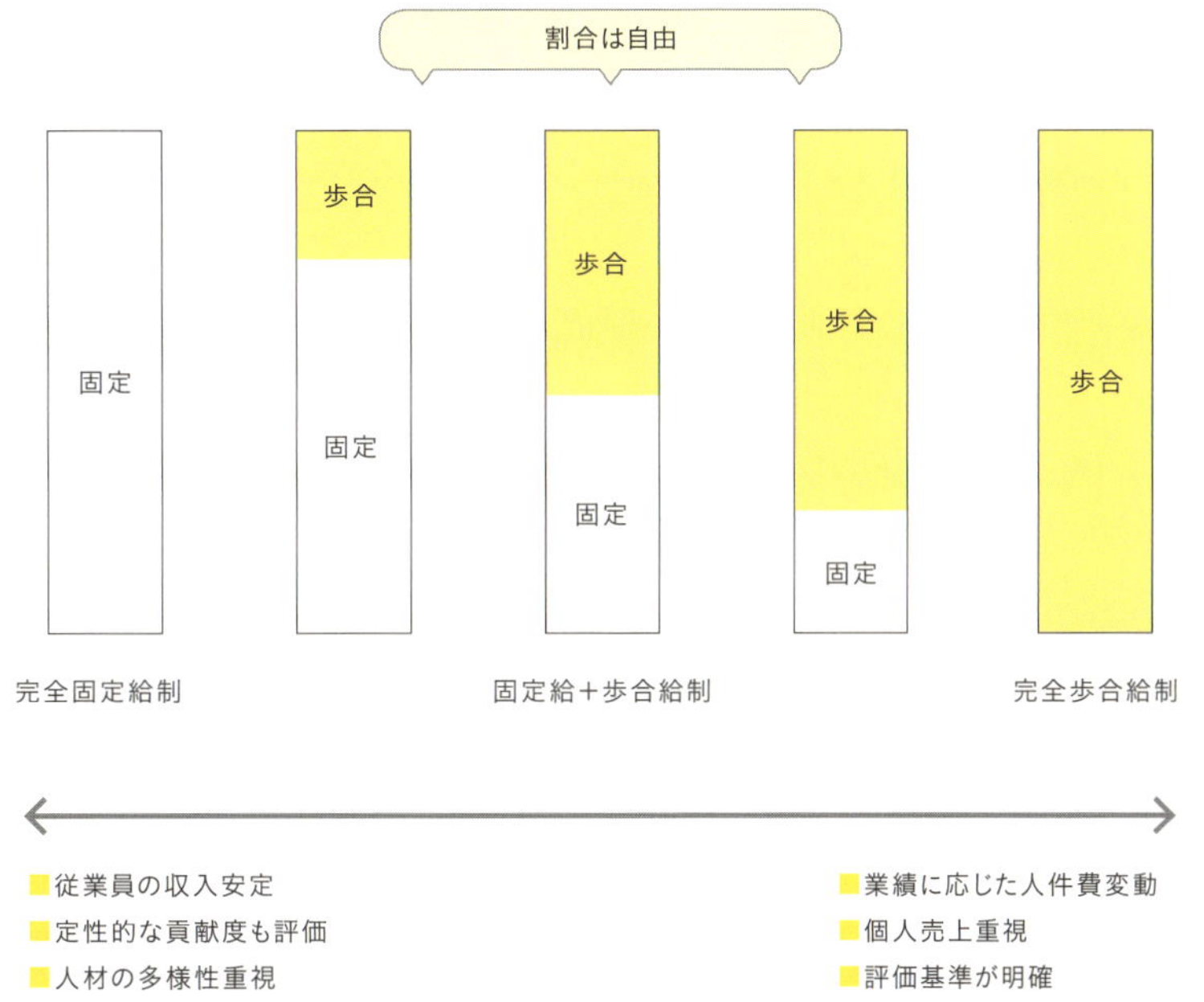

割合は自由
歩合
固定
完全固定給制
固定給＋歩合給制
完全歩合給制
従業員の収入安定
定性的な貢献度も評価
人材の多様性重視
業績に応じた人件費変動
個人売上重視
評価基準が明確

注意点は導入時と最低賃金・残業手当

さて、歩合給制にはいくつか注意点があります。

まず、新たに導入する際には、「不利益変更」と見なされぬよう配慮すること。不利益変更とは従業員の労働条件を下げる変更のことで、最高裁により使用者側の一方的な決定は認められないとされています。歩合給制は、個人売上の高い人は収入が増える反面、低い人にとっては収入が減る不利益変更となり得ます。対策として、給与制度変更を事前に告知して個々に同意を取り、反対する人には個別に意義や目的を説明し、給与が減る人には、一定期間調整手当などの経過措置をとるとよいでしょう。

次に、最低賃金にも注意が必要です。12ページで学んだ通り、賃金は都道府県ごとに決められた最低賃金額を超える額を支給しなければなりません。たとえ完全歩合給制で個人売上ゼロの場合でも、労働時間に照らして最低賃金以上の給与を支払う必要があります。固定給で最低賃金をクリアしてお

時間外手当の算出方法の違い

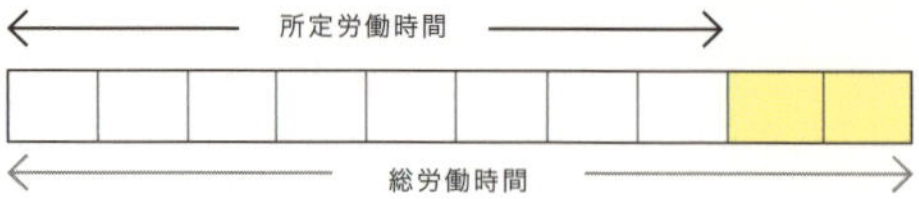

固定給の時間外労働手当

1時間当たりの賃金額＝固定給金額÷**所定労働時間**

時間外労働手当＝1時間当たりの賃金額×**1.25**×時間外労働時間数

歩合給の時間外労働手当

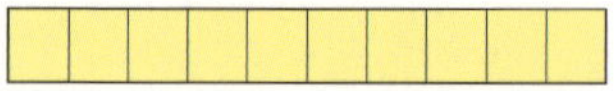

1時間当たりの賃金額＝歩合給金額÷**総労働時間**

時間外労働手当＝1時間当たりの賃金額×**0.25**×時間外労働時間数

給与制度ごとの支給額

1日当たり所定労働時間…8時間　1ヵ月当たり所定労働時間…168時間　1ヵ月間の総労働時間…198時間 →法定外労働時間…30時間

■完全固定給制

給与：基本給20万円＋技術手当10万円＋役職手当5万円＝35万円

時間外手当：35万円÷168時間×1.25×30時間＝7万8,113円

→ 支給総額：42万8,113円

■固定給＋歩合給制

給与：基本給20万円＋歩合給15万円＝35万円

時間外手当：（20万円÷168時間×1.25×30時間）＋（15万円÷198時間×0.25×30時間）＝5万310円

→ 支給総額：40万310円

■完全歩合給制

給与：歩合給35万円

時間外手当：35万円÷198時間×0.25×30時間＝1万3,260円

→ 支給総額：36万3,260円

き、そこに歩合給を加算する、完全歩合給制でも最低賃金分を最低保障として設定するなど、給与が変動しても最低賃金を割らない仕組みをつくります。

　また、歩合給についても、法定労働時間を超えた分については割増賃金が必要です。このとき、固定給と歩合給とでは、下記の通り割増賃金の算出方法が異なります。なお、あらかじめ給与の中に固定残業代を含める場合、それが何時間分であるのか事前に明確化し、超過分について追加の割増賃金を支払わなければなりません。

　以上に留意して、スタッフの生活向上や報酬の公正性アップを主眼に利用すれば、歩合給制はサロンを繁栄へ導く有効な手段です。

結論……

歩合給は人材評価の一手段　公正かつ効果的に活用すべし

給与体系には経営者の価値観が表れます。求める人物像を明確に、固定給と歩合給の配分を定めましょう。

[給与制度の補足]

給与制度の種類

①月給制
月単位で賃金を定める制度。労使とも中長期的な計画が立てやすく、日本の企業で最も一般的。期間中に欠勤などがあっても全額支給される「完全月給制」と、期間中の不就労分を月ごとに控除する「月給日給制」がある。

②日給制
1日単位で賃金を定める制度。国際会議の通訳や日雇いの労働者など、単発の仕事に対する報酬に使われるほか、継続的な業務において、日給を月ごとにまとめて支払う「日給月給制」がとられる場合もある。

③年俸制
1年単位で給与金額を定める。年俸を毎月1回以上に分割して支給する。年間の支給額が事前に決まるため、労使とも年間計画が立てやすい反面、年内に顕著な実績があってもすぐには報酬に反映されない。なお、時間外労働については、別途残業手当を支給する。

固定給と歩合給の配分

美容室によく見られる歩合給の取り入れ方は以下の2通り。

①固定給＝最低賃金
最低賃金分を固定給として、そこに業績分の歩合給を加える方式。どんなに歩合給が少なくても、最低賃金を割ることはない。

②固定給＝アシスタント給
アシスタントは固定給としている場合、その給与額を固定給として、業績分の歩合給を加える方式。もちろんアシスタント給が最低賃金を超えていることが前提。こちらは最低賃金を割らない上、アシスタント時代より給与が下がることもなくなる。

18．休みにまつわるエトセトラ

良い仕事をするためには、良い休息が必要。
スタッフを休ませることも、経営者の大切な仕事です。

休日は休みの日 休暇は休む日

労働者の心身の健康と充実した生活のため、使用者には労働者の休みについてもルールが課せられています。まず、仕事がない日の表現として、「休日」と「休暇」

という言葉があります。休日は労働義務がない日、つまり初めから休みの日をいい、一方の休暇は労働義務があるが労働を免除される日、つまり本来は働く日だけれど休む日、と区別されます。

初めに、休日に関するルール。原則として1週間に1日の法定休日を与えます。ただし、これだけでは月4、5日となり、すでに学んだ法定労働時間（週40時間以内、10人未満の事業場は週44時間以内）を守れなくなるので、実際には隔週休2日や完全週休2日制をとるのが一般的です。

1ヵ月の変形労働時間制（17ページ参照）を採用している場合も、これに準じてシフトを組みます。なお、休日は原則として暦日（午前0時からの24時間）で与えます。

では、休日労働をした人に対し、どんな処置が必要か。例えば、サロンの定休日に外部講師などをする場合、変形労働時間制の場合は、その日を労働日としてシフトを組めばよいでしょう。そうでない場合は、「振替休日」または「代休」で休日を補います。下記の通り事前に設定できるか否かで、定義と賃金の計算法が異なります。

休日出勤への処置

	振替休日	代休
どんなとき？	使用者が労働者に対し、事前に休日労働を申し出るとき。	突然発生した休日労働により、事前に振替日を特定できないとき。
誰が？	使用者が指定する。	使用者または労働者が指定する。
どのように？	①あらかじめ就業規則に規定しておき、 ②労働する休日の振替日を、 ③振替日の前日までに、 ④4週4日の休日を確保できるよう、本来の休日になるべく近い日を選んで特定する。	①あらかじめ就業規則に規定しておき、 ②代休取得日を使用者が指定、または労働者が申請する。
賃金は？	休日労働日は通常の賃金を支払う。 振替休日は賃金を支払わない。	休日労働日は休日出勤手当として賃金の割増分のみを支払う（1時間当たり賃金×0.35）。 代休取得日は賃金を支払わない。

有給休暇は正しく与え無理なく消化させる

次に、休暇に関するルールです。休暇とは、出勤日に本人が申請して取る休みのことです。法律で義務付けられている法定休暇と、事業所が独自に定める法定外休暇があります。

まず、法定休暇には、「年次有給休暇」「産前産後休暇」「生理休暇」「育児休暇」「介護休暇」があります。いずれも、労働者本人に時期の指定権があり、申請さえすれば使用者の承認なく取得できます。年次有給休暇以外、賃金を支給するか否かは使用者の自由です。

一方の法定外休暇には、「法律で定められた日数を上回る有給休暇」「慶弔休暇」「リフレッシュ休暇」などがよく見受けられます。これらについては、あらかじめ就業規則などに規定した上で運用しましょう。

美容業界ではなかなか実用できるサロンが少ないようですが、前述の通り有給休暇は法定休暇です。①雇い入れの日から6ヵ月が経過している、②その期間の全労働日の8割以上出勤している、という

年次有給休暇の日数

勤続期間	日数
6ヵ月	10労働日
1年6ヵ月	11労働日
2年6ヵ月	12労働日
3年6ヵ月	14労働日
4年6ヵ月	16労働日
5年6ヵ月	18労働日
6年6ヵ月以上	20労働日

年次有給休暇の計画的付与

1 個別に取得期間を指定する	例）各自7月1日～9月30日の連続した3日間に取得
2 労働者を班に分け、班ごとに取得期間を指定する	例）1班…8月11日～13日 2班…8月14日～16日 3班…8月17日～19日

※事前に労使協定で計画的付与の内容を定めておく。

※年次有給休暇のうち少なくとも5労働日は、労働者が好きな時に使えるよう残す。

2要件を満たす労働者に対し、必ず与えなければなりません。また勤続期間に応じ、下表の通りその日数も増やす必要があります。

有給休暇は、原則として本人が希望する時に取得させますが、現実的には成人式前や12月の繁忙期など、休まれては困る時季もあるでしょう。事業の正常な運営が妨げられる場合のみ、「時季変更権」を行使し時季を変更させることができます。また、あらかじめ年間計画の中に有給休暇取得期間を盛り込み、計画的に取得させる方法もあります。いずれにせよ、なるべく自由に消化しやすい配慮をして、スタッフが元気に働ける環境をつくりましょうね、ケビン。

結論……

労働と休養のバランスがより強いサロンをつくる

人手不足が進む今後、特に年次有給休暇の正しい運用が、スタッフ確保とサロン成長への鍵となりそうです。

[法定休暇あれこれ]

産前産後休暇

○取得条件／出産の前後。産前休暇は本人の請求により与えられる。産後休暇は本人の請求に関係なく強制的に与えられ、本人が就業を希望しても休ませなければならない。
○日数／産前6週間（多胎妊娠の場合14週間）、産後8週間。
○賃金／なくてもよい。健康保険に加入していれば、休業に対し出産手当金が支給される。

生理休暇

○取得条件／生理による体調不良のとき、本人の申請により与えられる。
○日数／制限なし。使用者は日数を制限したり、休暇取得によりペナルティーを与えたりしてはならない。
○賃金／なくてもよい。

育児休暇

○取得条件／子どもが生まれたとき、本人の申請により与えられる。
○日数／子どもが生まれた日から満1歳の誕生日前日までの1年間。保育園に入れなかった場合など、最長で子どもが1歳6ヵ月になるまで延長可能。
○賃金／なくてもよい。雇用保険から育児休業給付金が支給される。

[年次有給休暇の補足]

有給休暇の買い取り

営業日数や人数の都合で、なかなか有給休暇を消化できない場合、有給休暇を使用者が買い取ることを予告できるか？ 答えはNO。有給休暇は労働者の疲労回復と労働力の維持が目的。前もって金銭での解決を約束すると、消化抑止になりかねないので、行政通達により「年次有給休暇の買い上げの予約」は禁じられている。ただし、退職時など特殊な事情の場合、買い上げが認められるケースもある。

パート労働者の有給休暇

P.65で学んだ通り、パートスタッフも勤続年数と出勤割合の条件を満たせば、有給休暇が与えられる。正規スタッフより付与日数が少ない。

19.スタッフの出産に際して

開業時からケビンを支えたマリーが、なんと結婚&出産!?
今後も一緒に働いてほしいケビンがすべきこととは…。

出産&育児期間は法のもと休業させる

新卒で入り、数年間のアシスタント生活を経てようやくデビュー。いよいよ働き盛りかと思われた20代半ば、突如結婚、出産で退職…。美容業界は女性が多いにもかかわらず、従来こうした事態が多発してきました。しかし、人材不足が

赤ちゃんができまして…
ガーン
ガーン
ガーン
ジュニアデビューしたばっかなのに!?

深刻化する今後は、せっかく確保し育てたスタッフに、いかに長く働いてもらうかが重要な課題です。

女性スタッフが妊娠すれば、もちろん仕事は休むことになります。77ページでも学んだ通り、出産予定日以前6週（双子以上の場合は14週）と産後8週は、法的に産前産後休業を取れることになっています。産前休暇は本人の請求があれば与え、産後休暇については6週間は強制的に取得させ、その後は本人の意向と医師の指導に基づいて調整します。

また、子の満1歳の誕生日前日までの1年間は、男女問わず本人の請求により育児休業を与えます。さらに保育所の入所待ちなどの場合は、最大で子が1歳6ヵ月になるまで延長可能となっています。

これらの休暇を正しく使うことは、スタッフに職場復帰を促すことにもつながるでしょう。ただ、経営者として気になるのは、休業中の穴をどう埋めるか、休業中のスタッフの生活をどう保障するか、また復帰後の勤務環境をどうつくるかということでしょう。このうち、休業中の生活については、公的な保障が利用できます。

出産育児前後の流れ

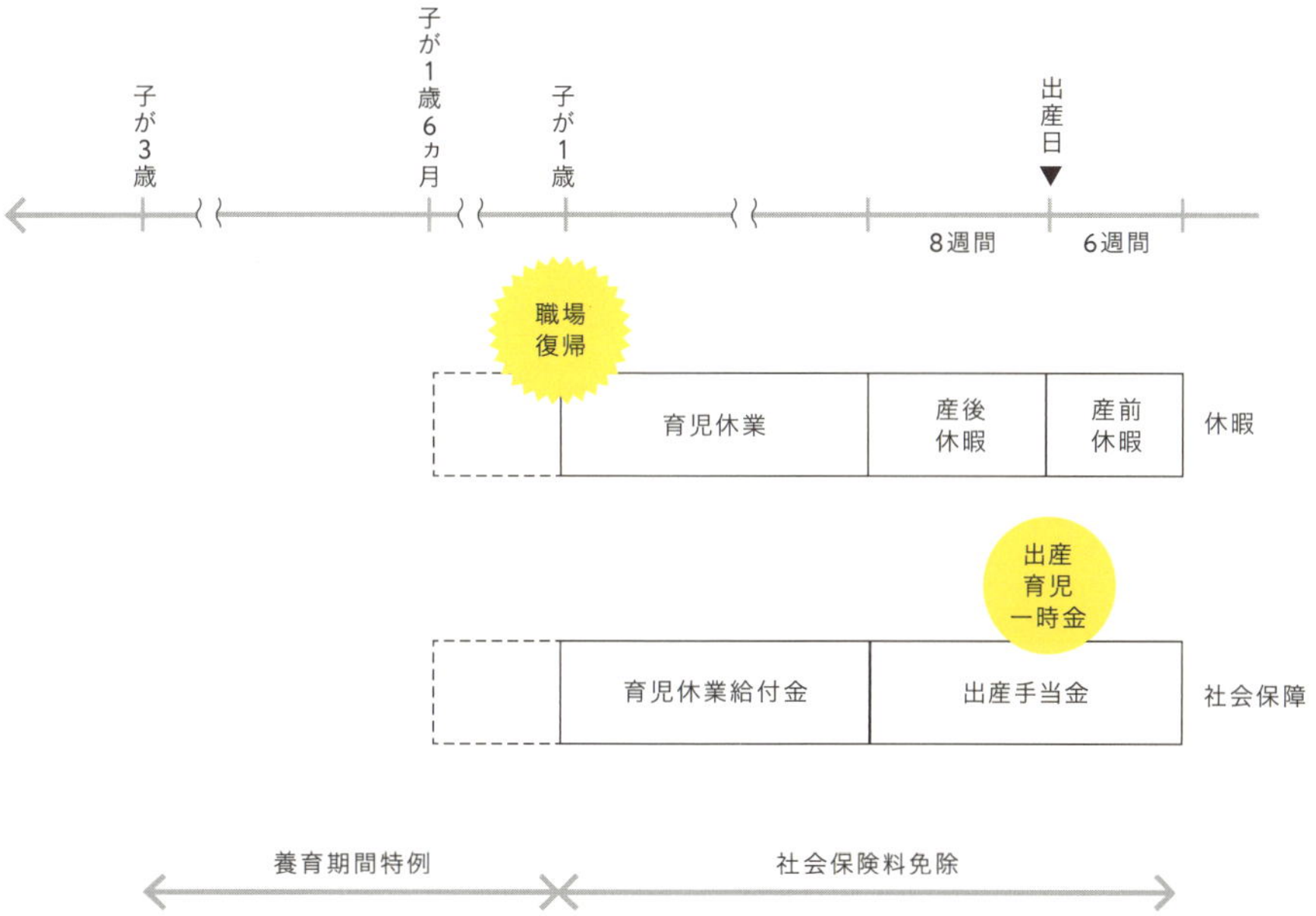
子が3歳
子が1歳6ヵ月
子が1歳
出産日
8週間
6週間
職場復帰
育児休業
産後休暇
産前休暇
休暇
出産育児一時金
育児休業給付金
出産手当金
社会保障
養育期間特例
社会保険料免除

公的保障とサロンの支援どちらも大切

社会保険に加入していれば、下記の保障を受けることができます。

①出産手当金
出産日以前42日から出産後56日目の範囲内で、仕事を休み給料の支払いがなかった日数分、健康保険から本人に支給される。

②出産育児一時金
出産費用として健康保険より、子ども一人につき42万円が支給される。なおスタッフの扶養家族が出産した場合、「家族出産育児一時金」として同額が支払われる。

③育児休業給付金
育児休業中給与が支払われない場合、雇用保険から支給される。

――産休、育休中のスタッフに対して、給与を支払う義務はありません。ただ、不安なく休み復帰してもらうには、サロン側のサポートも不可欠。これらの公的保障について本人と情報共有するほか、次のような対応も行ないましょう。

●休暇取得前
顧客へ告知し、日頃の感謝を伝えるとともに担当者を引き継ぎます。個人情報保護の観点から、復

出産・育児に対する保障

何が	いつ	いくら	どこから	どのように
出産手当金	産前産後休暇を取得し給与支給がないとき	休んだ日数×過去1年間の標準報酬月額の平均から算出した日額の2/3	健康保険	本人に支給
出産育児一時金	出産したとき	子ども1人につき42万円	健康保険	医療機関に支給され、窓口負担が軽減される場合が多い
家族出産育児一時金	扶養者が出産したとき			
育児休業給付金	育児休業を取得し給与支給がないとき ※2年以内に、11日以上勤務した月が12ヵ月以上あること	1～180日目：休業開始時賃金日額の67% 181日目～：休業開始時賃金日額の50%	雇用保険	本人に支給

※「育児休業給付金」以外は全国健康保険協会に加入している場合。健康保険組合は独自の給付が加わる場合がある。

帰時にDMなどを送ってよいか、顧客にあらかじめ確認しておくとよいでしょう。

●休暇取得後

復帰の告知をサポートする、休暇中の人間関係の変化に慣れさせる、小まめに休憩を取らせるなどの配慮が必要です。また、育児休業法に基づき、本人が希望すれば短時間勤務させます。フルで働けない場合、給与面でも、最低限の生活は保障し、顧客が戻るにつれ上乗せするなど、モチベーションを下げない制度をつくりましょう。

スタッフのライフイベントはサロンにとっても一大事。従業員の人生を預かる経営者として、しっかり対応しましょうね、ケビン。

結論……

国の保障とサロンの支援でしっかり休んで必ず戻る

結婚、出産を経ても働き続けられる職場づくりが、サロン成長の一つの鍵であることは間違いありません。

[産休・育休の補足]

社会保険料免除

産前産後休暇および育児休業中は、本人負担分・事業所負担分ともに社会保険料（健康保険料・厚生年金保険料）が免除される。

養育期間特例

年金の支給額は給与額（標準報酬）によって決まるが、職場復帰後、子が3歳になるまでの間については、産前より標準報酬が下がっても、産前と同じ標準報酬で年金が算出される。

育児休業の延長

配偶者の病気や死亡、保育所の入所待ちなど、特別な理由がある場合、育児休業の期間と育児休業給付金の受給期間を最長で子が1歳6ヵ月になるまで延長できる。

出産とは

出産手当金、出産育児一時金の対象となる出産とは、妊娠85日（4ヵ月）以後の出産をいい、早産、死産、中絶を含む。

健康保険の違い

社会保険に加入しておらず、スタッフ個人が国民健康保険に加入している場合には、P.80の表の「出産手当金」が受けられない。「出産育児一時金」は支給される。

産科医療補償制度

医療機関には、分娩時に何らかの理由で子が重度の脳性まひになった場合、子と家族の経済的負担を保障するために加入する「産科医療補償制度」がある。これに加入しない機関で出産した場合は出産育児一時金の額が40万4,000円となる。

マタニティーハラスメント

妊娠、出産した人に対し、職場において業務上支障を来すという理由で行なわれる精神的、肉体的嫌がらせを指す。妊娠、出産とそれに伴う休暇取得を理由に不利益な扱いをすることは、法律で禁止されている。

20.ショック、仕事中にケガ！

もしもスタッフが、仕事中にケガをしてしまったら…？
経営者には、スタッフの健康と生活を守る責任があります。

私生活なら健保
仕事・通勤中は労災

スタッフの病気やケガには、その状況によってしかるべき処置が2通りあるのをご存じですか？
まず一般的なのは、健康保険を使って治療するケース。55ページで学んだ通り、医療費が3割負担になるほか、社会保険に加入して

いれば、休業時の生活保障も受けられます。しかし実は、これを利用できるのは仕事以外の要因による病気やケガに限られます。

　では、仕事中の病気やケガに対しては、どこから補償を受けられるのでしょう。職場における労働者の安全は、使用者が守る義務があります。従って、業務上の病気やケガの責任は使用者が負わねばなりません。ただ、実際には全スタッフの治療費や生活費を備えておくことは難しいため、その肩代わりとして労災保険が備えられています。

　使用者は、パートタイマーや日雇い労働者などの雇用形態に関係なく、一人でも人を雇えば、労災保険に加入する義務が生じます。これにより、仕事中の病気やケガは労働災害として、労災保険が補償することになります。

　仕事中もしくは通勤中に起きた傷病であることに加え、

①業務起因性（行なっていた仕事に病気やケガの危険性があること）

②業務遂行性（事業所の指示により仕事をしていたこと）

を満たす場合は、労働災害として、健康保険ではなく労災保険を利用して治療します。

健康保険と労災保険の分かれ目

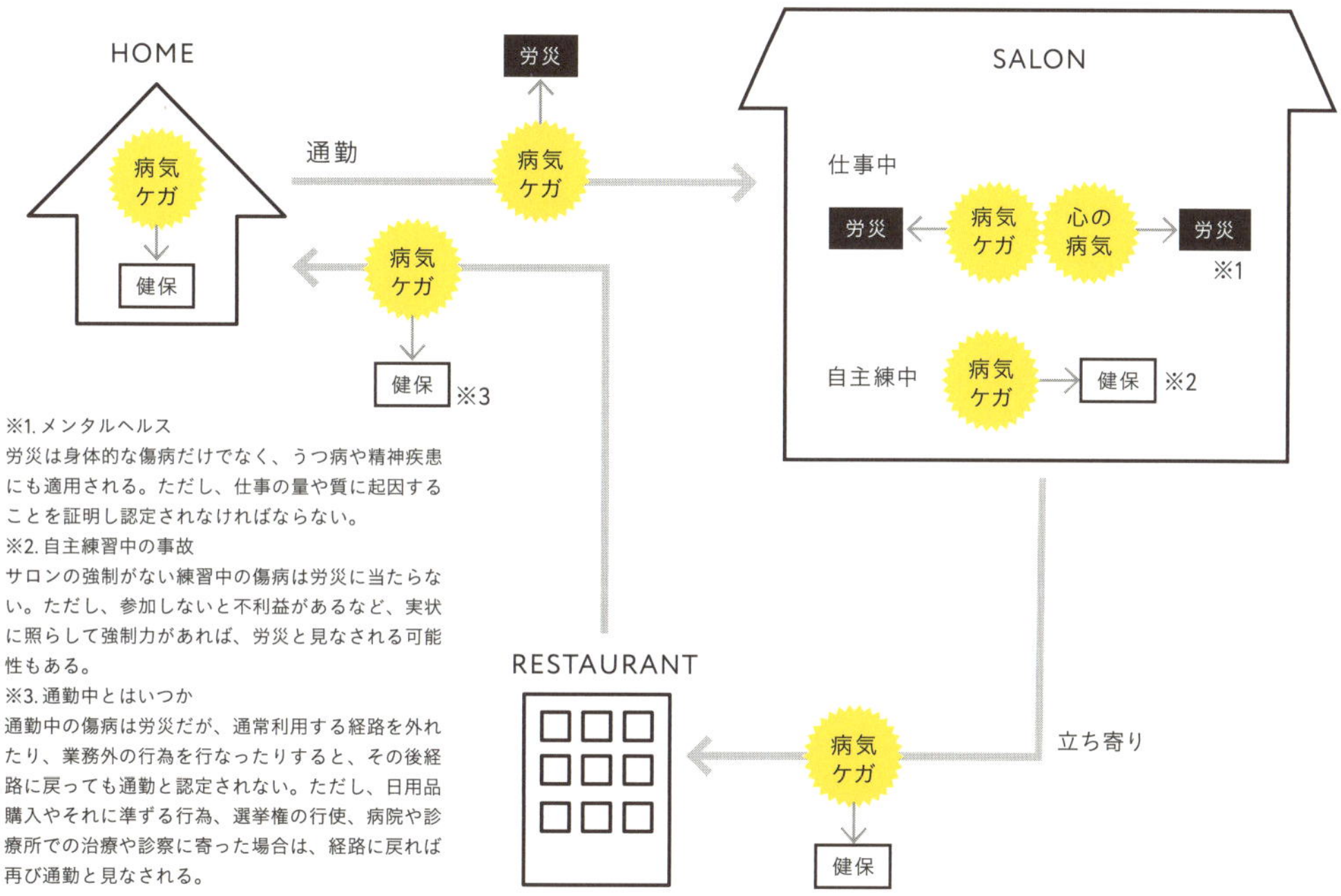

※1. メンタルヘルス
労災は身体的な傷病だけでなく、うつ病や精神疾患にも適用される。ただし、仕事の量や質に起因することを証明し認定されなければならない。

※2. 自主練習中の事故
サロンの強制がない練習中の傷病は労災に当たらない。ただし、参加しないと不利益があるなど、実状に照らして強制力があれば、労災と見なされる可能性もある。

※3. 通勤中とはいつか
通勤中の傷病は労災だが、通常利用する経路を外れたり、業務外の行為を行なったりすると、その後経路に戻っても通勤と認定されない。ただし、日用品購入やそれに準ずる行為、選挙権の行使、病院や診療所での治療や診察に寄った場合は、経路に戻れば再び通勤と見なされる。

認定されれば手厚い補償

労災保険の主な補償は次の通りです。

①療養の給付
労災指定の病院、診療所で手当てを受けると、治療費が無料となる。指定外の機関なら一時立て替え後、後日費用が支払われる。

②休業（補償）給付
病気やケガで休業してから4日目以降について、事業所から給料が出なければ、給付基礎日額(左記)の6割相当が支給される。加えて、「特別支給金」として同2割相当が支給され、合わせて給与の約8割が補償される。なお、休業3日目までは「待機期間」として使用者が賃金補償しなければならない。

③障害（補償）給付
療養後障害が残った場合は、その程度により補償が行なわれる。
・軽度…給付基礎日額の56～503日分の一時金を1回支給。
・重度…給付基礎日額の131～313日分の年金を毎年支給。

④遺族（補償）給付
死亡した場合は、遺族の人数により一定金額の年金が支給される。

労災申請と主な補償内容 ※1

いつ		申請者 ※2	申請先
傷病を治療するとき		労災認定病院なら病院	労働基準監督署
		労災認定外機関なら事業所または本人	
仕事中の	傷病で仕事を休むとき	事業所または本人	
通勤中の			
仕事中の／通勤中の	傷病で障害を負ったとき		
仕事中の／通勤中の	傷病で死亡したとき	事業所または遺族	

→ 労災認定 →

給付名	支給内容
療養の給付	医療費全額
療養の費用	
休業補償給付	給付基礎日額の6割
特別支給金	給付基礎日額の2割
休業給付	給付基礎日額の6割
特別支給金	給付基礎日額の2割
障害補償給付	障害の等級により、重度なら年金軽度なら一時金
障害給付	
遺族補償給付	遺族の人数により年金
遺族給付	

※1. このほかにも、葬祭料（葬祭給付）、傷病（補償）年金、介護（補償）給付、二次健康診断等給付などがある。
※2. 労災申請を事業者が認めない場合、本人だけでも行なえる。

例として家族が1人なら、死亡者の給付基礎日額の153日分、4人以上なら同245日分の金額。

——以上のように、総じて健康保険より手厚い補償が受けられます。いずれも本人または事業所が申請し、労働基準監督署が労災と認定することが条件です。

　労災申請は、使用者の安全衛生管理の不行き届きを認める行為であるため、なるべく阻止しようとする事業所も見受けられます。しかし、労災を労働基準監督署へ正しく報告することは使用者の義務です。安心して働けるよう日頃の管理を徹底し、それでも事故が起こったら、補償が受けられるよう正しく対処しましょうね、ケビン。


結論……

ピンチにこそ本質が見える 労災は素直に反省し保険で守れ

労災保険はスタッフのためならず。いざという時、サロンと経営者を守ってくれるのです。

[労災認定の補足]

申請と認定

労働災害が起きたら、本人または事業所が申請し、労働基準監督署が認定する。認定に必要となる、病気やケガと仕事との因果関係は、申請者が証明しなければならない。

給付基礎日額

労災保険の給付額算出に使用する、1日当たりの「平均賃金」のこと。労災発生前3ヵ月間に支払われた賃金の総額を、その期間の総日数で割る。

腰痛と手荒れ

美容師に多い腰痛や手荒れは、労災認定されないことが多い。仕事とケガの因果関係は、仕事中の明確で突発的な出来事をきっかけに発生した場合以外は認められづらいため。

例えば転倒や重い荷物の運搬など、非日常的な動作や姿勢により、急激に強い力が腰に働き、ぎっくり腰になった場合は、労災とされる可能性があるが、日々の立ち仕事や無理な姿勢の繰り返しによる慢性的な腰痛は、仕事中に発症してもなかなか労災と認められない。

同様に手荒れについても、特定の出来事ではなく、毎日水や薬剤に触れるうちに起こるものは労災認定されにくい。

正しい姿勢をとる、適宜休憩を取る、水仕事を避けるなど、日頃から防止を心掛け、また労災認定されない場合は健康保険を使って適切に治療することが大切。

労災保険のおさらい

○加入義務
労災保険は、使用者が加入する保険で、一人でも人を雇えば加入義務が生じる。
○保険料
労災保険は、使用者の責任を肩代わりする性質から、保険料（給与・賞与×0.3%）は全額使用者が支払う。労働者の負担はない。

21・守れ！　個人情報

サロンで業務上保持する個人情報の数々。
正しく扱い保管することも、大切な仕事だ。

顧客情報を守ることは信頼を守ること

　美容室では、主に2種類の個人情報が扱われます。一つは顧客、もう一つはスタッフの情報です。

　まず顧客の情報については、カルテ作成やDMの送付など、顧客管理・フォローのために集め、スタッフ全員が閲覧・使用するとこ

ろがほとんどでしょう。その際、外部に漏らさないことはもちろん、営業上のしかるべき用途にのみ使い、個人的な連絡などに無断で利用しないよう注意すべきです。

2005年には、個人の権利と利益の保護を目的に、個人情報を扱う事業者に対し、その取り扱い方法を定めた「個人情報保護法」が施行されました。これにより、5千件を超える個人情報を保有・管理する事業者は、「個人情報取扱事業者」として情報保護の責任を負うこととなりました。もし情報が漏えいすれば監督責任違反を問われ、さらに改善命令などに違反すると、6ヵ月以下の懲役または30万円以下の罰金が科されます。

5千件もの情報を持っていないという事業者でも、情報が漏れれば民事的に賠償を求められることはあり得ます。この場合には、漏えいしたスタッフ個人では賠償しきれないため、事業者の責任が問われることも十分考えられます。

個人情報の扱い方はサロンへの信頼感に直結する問題ですから、下記のようなルールを定め、またその責任や危険性についてスタッフに教育する必要があります。

顧客情報を守る対策例

収集

- 業務上必要のない項目は集めない

閲覧

- 個室で見られる状況にしない
- 持ち出し可能な形で保管しない
  - ・ノートパソコンやファイルで管理する場合はワイヤーを付ける
  - ・パスワードで閲覧制限をかける
  - ・個人のUSBメモリなどをサロンに持ち込ませない
- 閲覧履歴を残す

教育

- スタッフに情報保護を教育する
- スタッフより入社時、退社時に情報保護の誓約書を取る
- 規定や罰則を定める
  - ・就業規則に「個人情報保護管理規程」をつくる
- 独立時に注意を促す
  - ・新店の告知やカルテの引き継ぎは顧客の了解のもと行なう

いよいよ対策が急務
スタッフのマイナンバー

次に、スタッフの個人情報。業務以外に使わず、外部に漏らさないという基本は顧客情報と同じです。ここでは特に、2016年1月より運用が開始された「マイナンバー制度」を取り上げます。

日本に住民登録する人全てに付与されるマイナンバー。サロンでは全従業員と扶養家族（および業務委託先など）の番号を扱います。個人番号の保護は事業者の義務で、人数によらず漏えいすれば責任が問われます。すみやかに以下の体制を整えましょう。

①準備
・基本方針の策定…全事業者が対象。ネット等にひな形あり。
・取扱規程等の策定…従業員100人超の大規模事業者、または個人情報を過去6ヵ月で5千件超扱った中小事業者が対象。
・4つの安全管理措置（下記）。

②収集
番号回収時、次のいずれかにより本人確認を行なう。
・個人番号カード
・通知カード＋写真付き身元確認

マイナンバー 4つの安全管理措置

管理方法	パソコン	紙
技術的安全管理措置	・アクセス制御 ・アクセス者の識別と認証 ・不正アクセス防止（ウイルス対策）	・事務取扱担当者のみが閲覧する
物理的安全管理措置	・パソコンの配置の工夫（担当者以外のぞけない位置） ・機器及び電子媒体の盗難防止	・鍵付き金庫に保管する ・金庫の鍵の管理方法を定める
人的安全管理措置	・取扱責任者を決める ・事務取扱担当者を決める ・事務取扱担当者を監督する ・事務取扱担当者を教育する	
組織的安全管理措置	・取扱責任者の責任を明確化する ・情報漏えいしたときの対応策を整備する ・取扱規定に基づき運用する	

書（運転免許証やパスポート）
・通知カード＋官公庁発行の書類（健康保険証や番号付き住民票）

③利用
定められた担当者のみが扱い、源泉徴収票および社会保障の手続き書類に記載して行政機関に提出する。これ以外に使用しない。

④保管
法定期限まで厳重に保管し、使用のたび履歴を残す。

⑤廃棄
期限後、復元不能な形で廃棄する。

——重要なのは、顧客情報と違い、特定の担当者のみに閲覧させ、他の目には触れさせないことです。情報管理は信頼の礎。面倒とせず大切な業務として臨みましょう。

結論……

顧客情報は皆で正しく使う マイナンバーは担当者以外使わせない

マイナンバー制度開始に伴い、事業者の情報管理体制が一層厳密に求められています。

［ 顧客情報に関する判例 ］

エステティックホームページ個人情報流出事件

○裁判所／東京高等裁判所
○裁判日／2007年8月28日
○判例趣旨／エステ会社・東京ビューティーセンター（TBC）の個人情報管理サイトが、アクセス制限なしで第三者が見られる状態にあり、約660万人の顧客情報が流出。スリーサイズや身体の悩みなど、ごく個人的な情報が含まれ、いたずら電話や迷惑メールなどの二次被害が発生した。1人当たり慰謝料3万円＋弁護士費用5,000円が認定され、個人情報流出をめぐる過去最高の賠償額となった。

［ マイナンバーQ&A ］

Q スタッフが拒否したら？
A スタッフがサロンへ個人番号を通知しない場合、本人への罰則はない。しかし事業所側には収集義務があるため、「○月○日 提出依頼したが、拒否」など履歴を残す。

Q 使用のたび記録する？
A 組織的安全管理措置の一環として、全手続きについて履歴を残すとよい。番号漏えいの際、いつ誰が対応したか特定するため。

Q 店長に任せてよい？
A 店舗が複数ある場合、店長に各店スタッフの番号収集を行なわせることも可能だが、本社が一括して回収する方がベター。店長を介する場合は、店長がスタッフから封書で預かり、開封せず本社の担当者へ提出する方法がおすすめ。

Q 小さなサロンの管理法は？
A 紙による一元管理で鍵のかかる金庫に入れる方法が現実的では。大体50人ぐらいまでなら、紙での管理が可能なはず。電子データとしてパソコンに入れた瞬間からウイルス対策や、ネットワークにつなぐ場合のセキュリティー対策など、コストがかかる。

Q 大変だから辞退したい！
A 事業所には番号の収集義務があるため、これを回避することはできない。

22. 調査がやって来る　イヤ！イヤ！イヤ！

それはある日突然やって来る。
行政による調査とは、どんなものか知っておこう。

年金事務所の調査内容は
社会保険加入と保険料

これまで学んだ、人を雇う上でのたくさんのルール。これらが守られているか、行政機関が調査を行なっています。主な調査機関は、年金事務所と労働基準監督署です。

1. 年金事務所による調査

年金事務所とは、年金制度運

用のために日本年金機構が地域ごとに設置する事務所。社会保険に加入する全事業所を対象に、3～4年に一度、調査を行ないます。

●算定基礎調査

事業所は、各従業員の社会保険料の算出基準となる標準報酬月額と、実際の給与との差異が開かないよう、毎年7月「算定基礎届」を提出して見直します。これに併せて行なわれる調査で、一定期間につき賃金台帳や出勤簿、所得税資料などの提出が求められます。調査ポイントは下記の通り。

●総合調査

不定期に、任意抽出した事業所を呼び出して行なわれます。調査内容は算定基礎調査とほぼ同じですが、1年間の情報を数人がかりでより詳しく調べられます。

●不正や不備があったら

原則、過去2年間さかのぼって、提出内容の訂正を求められます。内容によっては調査月以降の対応で済む場合も。法人で社会保険に加入していないと、「社会保険加入のお知らせ」が届き、さらに無視すると強制的な加入措置を取られ、過去2年間の保険料が請求されることになります。

行政による調査の種類

調査項目	調査機関	調査名
労働条件全般	労働基準監督署	定期監督
		申告監督
社会保険	年金事務所	適用事業調査(新規設立の事業所に対する調査)
		算定基礎調査
		総合調査
	会計検査院	社会保険調査 (年金事務所の監督も兼ねており、年金事務所による調査よりシビア)

年金事務所による調査ポイント

1 社会保険への加入状況は適切か?
- 法人であれば社会保険(健康保険・厚生年金保険)へ加入する。
- パート従業員についても、一般従業員の労働時間の3/4以上勤務していれば加入させる。

2 算定基礎届の内容は適切か?
- 報酬は通勤交通費や残業手当を含め、毎月支払われる全額を記す。

3 期間中の変更を届け出ているか?
- 途中で固定の給与額が変更され、標準報酬月額が2等級以上変動する場合、月額変更届を出す。
- 賞与を支給した場合は賞与支払届を出す。

労基署の調査内容は労働条件全般

年金事務所は呼び出し調査が一般的ですが、労働基準監督署では、「臨検」と呼ばれる立ち入り調査も行ないます。

2. 労働基準監督署による調査

労働基準監督署とは、厚生労働省の出先機関で、労働者保護法規に基づき事業場を監督します。

●定期監督

厚生労働省の年間計画に沿って、基本的に無作為抽出した事業場に対し行ないます。監督署ごとに業種など選定基準を定める場合も。

●申告監督

従業員や退職者からの内部告発や相談をもとに行なわれます。最近は、申告を受けた上で定期監督として調査する場合も。

●その他

労働基準監督署より「労働条件に関する自主点検の実施」というアンケート方式の調査書類が届くことがあり、回答内容によっては後日調査対象となります。過去の定期監督で違反が発覚した事業場、労災事故の多い業種、「ブラック」と疑われる企業などは、立ち入り

労働基準監督署の調査ポイント（美容室の場合）

1 最低賃金を支払っているか？

・全従業員の給与が、都道府県ごとに定まっている最低時給を上回っていること（P.12参照）。

2 時間外労働が正しく行なわれているか？

・法定労働時間を上回る場合、従業員との間に三六協定を結ぶ（P.17参照）。
・残業時間は三六協定で定められた限度時間内に収める。

3 残業代を正しく支払っているか？

・サービス残業を行なわせない。
・割増賃金を正しく算出する（P.12参照）。

4 労働条件を明示しているか？

・雇用時に労働条件を書面で明示し、労働契約を結ぶ（P.7参照）。口約束ではダメ。

5 就業規則をつくり届け出ているか？

・10人以上の労働者がいる場合は、作成し届け出る。
・内容を変更したら、そのたびに店内手続きを踏んで届け出る（P.44参照）。

6 健康診断を行なっているか？

・全従業員（正規スタッフの労働時間の3/4以上勤務するパート従業員を含む）に対し、雇用時および1年以内ごとに1回、受診させる（P.94参照）。

調査されやすくなります。

●不正と判定されたら

「是正勧告」や「指導票」が出されます。前者は、違反項目と是正期限が記され、是正後報告が必要。後者は、違法ではないが問題がある事柄の改善を求めるものです。

――労働基準監督官は、司法監督官として書類送検する権限や逮捕権も有するなど、年金事務所より厳格で、甘く見てはいけません。

いずれも調査への対応は、時間的、物理的な負担が大きく、場合により交渉力も求められるため、経営者一人で行なうより、専門知識のある社会保険労務士などに相談することをおすすめします。

結論……
まず日々適正な労務を
そして調査には誠実な対応を

正しく運営しているサロンにとっては、
行政による調査はちっとも怖いものではありません。

ごめんくださーい

大丈夫、今までやってきたこと見せて差し上げなさい！
よし！

[調査に関する補足]

年金事務所調査のプロセス

①年金事務所から調査通知書が届き、指定の日時に必要な資料を持参するよう求められる。
②主に次のような資料を用意し、指定の日時に年金事務所へ出向く。
・算定基礎届
・厚生年金保険70歳以上被用者算定基礎届
・算定基礎届総括表
・算定基礎届総括表附表
・賃金台帳、出勤簿
・源泉所得税領収証書
・提出済の適用関係諸届
・事業主印
・調査通知書
③資料をもとに、年金事務所が調査を行なう。
④問題がなければ、終了。問題があれば、その場で是正命令が言い渡される。

労基署調査のプロセス

①臨検は、事前告知なしが大半。
②監督官1～2人が事業所を訪問し、責任者に面会を求める。
③労務関連の資料を調べる。
・労働者名簿
・賃金台帳
・就業規則
・タイムカード
・変動労働時間制などの労使協定
・三六協定届
・雇用契約書
・健康診断個人票　など
④③に基づき、事業主や人事労務担当に実態について確認する。
⑤必要に応じ、事業所内の立ち入り調査や従業員へのヒアリングを行なう。
⑥違反があれば、その場で「是正勧告」「指導票」など文書で指導する。

ブラック企業とは

厚生労働省によるとブラック企業には、
①労働者に極端な長時間労働やノルマを課す
②賃金不払い残業やパワーハラスメントが横行するなど、全体のコンプライアンス意識が低い
③労働者に対し過度の選別を行なう
という特徴が挙げられる。
また同省は一定基準を満たす大規模なブラック企業には都道府県労働局長が指導と公表を行なえるものとした。中小企業は基準外であるが、ブラックと見なされることは信用失墜や業績悪化につながる。

23. 健康診断と助成金の話

スタッフのために、サロンのために。
できることとすべきこと、もろもろ。

スタッフの健康は経営者にも責任がある

美容師の仕事は特に身体が資本。スタッフが心身とも健康であってこそ、サロンの発展が望めます。労働者が健やかに働けるよう、使用者には労働者の健康状態を把握し、適切に管理することが義務付けられています。使用者は労働者に対し、以下3種類の健康診断を

実施しなければなりません。

①雇入れ時の健康診断
雇用する直前または直後に、決められた項目について診断する。

②定期健康診断
1年以内ごとに1回、決められた項目について診断する。

③長時間労働者の面接指導
時間外労働が月100時間を超え、疲労の蓄積が認められる労働者について、本人の申し出により医師の面接指導を受けさせる。時間外労働が月80時間を超え、健康上の不安を訴えた労働者も同様。

　正規雇用のスタッフだけでなく、パートスタッフも、期間の定めがない、契約期間が1年以上であるなど、1年以上の雇用が見込まれ、1週間の労働時間が正規スタッフの所定労働時間の4分の3以上なら、同様に受診させます。

　健康診断は事業者の義務なので、その費用は事業者が負担します。実施時間については行政通達により、所定労働時間内が「好ましい」とされ、この場合、通常の賃金を支払うのが妥当といえます。

　診断結果は必ず本人に通知し、事業所では健康診断個人票を作成して5年間保存します。

スタッフの健康診断

対象
- 正規スタッフ
- 期間1年以上、労働時間3/4以上のパート

時間
- 労使協議により決定する
- 所定労働時間内がベター

費用
- 事業者負担

賃金
- 所定労働時間内の場合、支払う
- 所定労働時間外の場合、要協議

雇入れ時・定期健康診断の項目

1. 既往歴、業務歴の調査
2. 自覚症状、他覚症状の有無の検査
3. 身長、体重、腹囲、視力、聴力の検査
4. 胸部エックス線検査
5. 血圧の測定
6. 貧血検査
7. 肝機能検査
8. 血中脂質検査
9. 血糖検査
10. 尿検査
11. 心電図検査

国の意向とサロンの活動合えば助成されるかも

話は変わって、サロンが何か取り組むとき、国から金銭的なサポートを受けられることがあります。これを助成金といい、主に厚生労働省から条件を満たす事業者へ支給される、返済の必要がない資金です。例えば国は、国民が仕事を得て安定的な収入を得ることを望んでいるため、事業所の安定雇用に寄与する取り組みを後押しする助成金が用意されています。多種ある助成金の中から美容室で利用しやすいものをおすすめ順に挙げます。

①キャリアアップ助成金
非正規労働者の雇用条件向上・スキルアップに対する助成。

②キャリア形成促進助成金
正規雇用の労働者の職業訓練に対する助成。また、教育訓練、職能評価など人材育成制度の作成、導入に対する助成もある。

③トライアル雇用奨励金
安定的な就職が困難な求職者を、一定期間試用した場合の助成。

④特定求職者雇用開発助成金
就職困難な人を雇うときの助成。

中小美容室が利用しやすい助成金

場面	条件	助成金の種類	助成金額	受けやすさ
雇う	母子家庭の母などの就職困難者を雇う 未経験者などを試用的・段階的に雇う	特定求職者雇用開発助成金 Ⅰ 特定就職困難者雇用開発助成金	1人60万円 ※短時間労働者は40万円	★★★
	未経験者を一定期間試行雇用する	トライアル雇用奨励金	1人月最大4万円（最長3ヵ月）など	★★–
処遇を変える	パートスタッフを正規雇用する 派遣スタッフを直接雇用する	キャリアアップ助成金 Ⅰ 正規雇用等転換コース	有期→正規 1人60万円 有期→無期 1人30万円 無期→正規 1人30万円	★★–
育てる	正規スタッフに、厚生労働大臣の認定を受けた専門的・実践的訓練を行なう	キャリア形成促進助成金 ① 雇用型訓練コース 認定実習併用職業訓練	【Off-JT】 賃金助成 1時間当たり800円 訓練経費助成 実費の1/2 【OJT】 実施助成 1時間当たり700円	★––
	採用5年以内で35歳未満の正規スタッフに職業訓練を行なう	キャリア形成促進助成金 ② 重点訓練コース 若年人材育成訓練	賃金助成 1時間当たり800円 訓練経費助成　実費の1/2	★★–
	職能評価、キャリア・コンサルティングなどの人材育成制度を導入・実施する	キャリア形成促進助成金 ④ 制度導入コース 教育訓練職業能力評価制度 セルフ・キャリアドック制度 など	導入助成　50万円	★––
	パートスタッフ等に職業訓練を行なう	キャリアアップ助成金 Ⅱ 人材育成コース	【Off-JT】 賃金助成 1時間当たり800円 訓練経費助成 時間に応じた金額 【OJT】 訓練実施助成 1時間当たり800円	★★–
環境を整える	労働者の仕事と介護との両立に取り組む	両立支援等助成金 介護支援取組助成金	1企業1回のみ 60万円	★★–

※助成金の種類と金額は、2016年7月1日現在。

いずれも利用する際には事前に申告や計画的実施など細かい規定や手続きがあるため、専門家への相談をおすすめします。

また、適正な雇用を促進する観点から、多くの助成金が

・過去一定期間に会社都合退職者を出したことがある
・給与計算が法律に沿っていない
・適用条件通り雇用保険・社会保険に加入していない
・労働保険料を納入していない・過去に滞納していた
・就業規則を作成していない

などの事業所は受けられません。助成金はこれ自体を目的にするのではなく、やりたいことがまずあり、それが条件に当てはまれば利用する、というのが本来の形です。

結論……

健康診断は経営者の義務
助成金は経営者の味方

スタッフのために訓練や処遇改善を行なう場合は、利用できる助成金がないか、確認してみましょう。

[健康診断の補足]

安全配慮義務と自己保健義務

使用者には法律により、労働者が生命と身体の安全を確保して働けるよう措置を講じる「安全配慮義務」が課せられている。この一環として、健康診断の実施とその結果に基づく措置が求められる。

一方、法律は労働者に「自己保健義務」として自身の健康管理を求めている。このため労働者は、健康診断を受診し使用者の安全措置に従わなければならない。

健診後の措置

事業者は健診を実施するだけでなく、診断結果や医師の意見に基づき、個別に就業場所や作業の転換などの措置を講じる必要がある。

[助成金の補足]

助成金不適用のケース

○会社都合退職者があった
安定雇用を支援する性質上、安易に解雇して新たな人材を雇用する事業所は助成しないものが多い。
○法律に沿って給与計算していない
例えば残業代未払いや計算違いなどがあると、受給できないことがある。
○適用条件通り社会保険に加入していない
雇用保険、健康保険、厚生年金保険へルール通り加入していないと、受給できないことがある。
○労働保険料を納入していない
厚生労働省が管轄する助成金は、労働保険料の滞納がある限り、絶対に受給できない。
○就業規則が作成されていない
特に労働者が常時10人以上の事業場は、作成だけでなく届出まで義務付けられている。届出日を確認される可能性もある。

その他の支援

助成金以外にも、条件により税金の優遇が受けられる場合がある。下記のほか、都道府県ごとの制度もあるので小まめに情報収集するとよい。
○所得拡大促進税制
適用期間内に雇用者の給与が増加した場合、給与等の増加額の10％を法人税または所得税から控除される。

24.キヨシ、サロンやめるってよ

立派に育った大切なスタッフの旅立ち。
経営者はそのとき、何ができるでしょう。

スタッフの独立 その形式と対策

長年一緒に働いたスタッフの旅立ちは、サロンにとっても一大事。スタッフ退職時の手続きについては、30ページで解説しました。ここでは美容室に多く見られる独立のための退職に際し、経営者がすべきことを考えます。

1. 新規出店のための退職

最も多いのは、スタッフが退職して新店を立ち上げるケースです。サロンや顧客へのダメージをなくすため、就業規則などに次のことを定めておきましょう。

①退職の予告

時間の余裕を持って独立の意向を伝えるよう求める。民法上、退職の意思は14日前までに示せばよく、それ以上を求めても強制力はないが、円滑な引き継ぎで良い関係を保てるよう互いに配慮したい。

②誓約書の提出

過激な顧客獲得競争に陥らないよう、出店地は一定距離を空けるなど、競業避止の誓約を求める。ただし、憲法で職業選択の自由が保障されているため強制力はない。

③持ち出し禁止

顧客情報、就業規則、備品、知的財産などの持ち出しを禁止する。特に退職後のスタッフが顧客へDMなどを送付すると、個人情報流出の責任が問われかねない。

④店内での案内

退職前3ヵ月を目安に、顧客に対しサロン内で独立の旨を伝える。指名客に報告ができれば、不正な顧客情報持ち出しの抑止となる。

スタッフ独立時の対応例

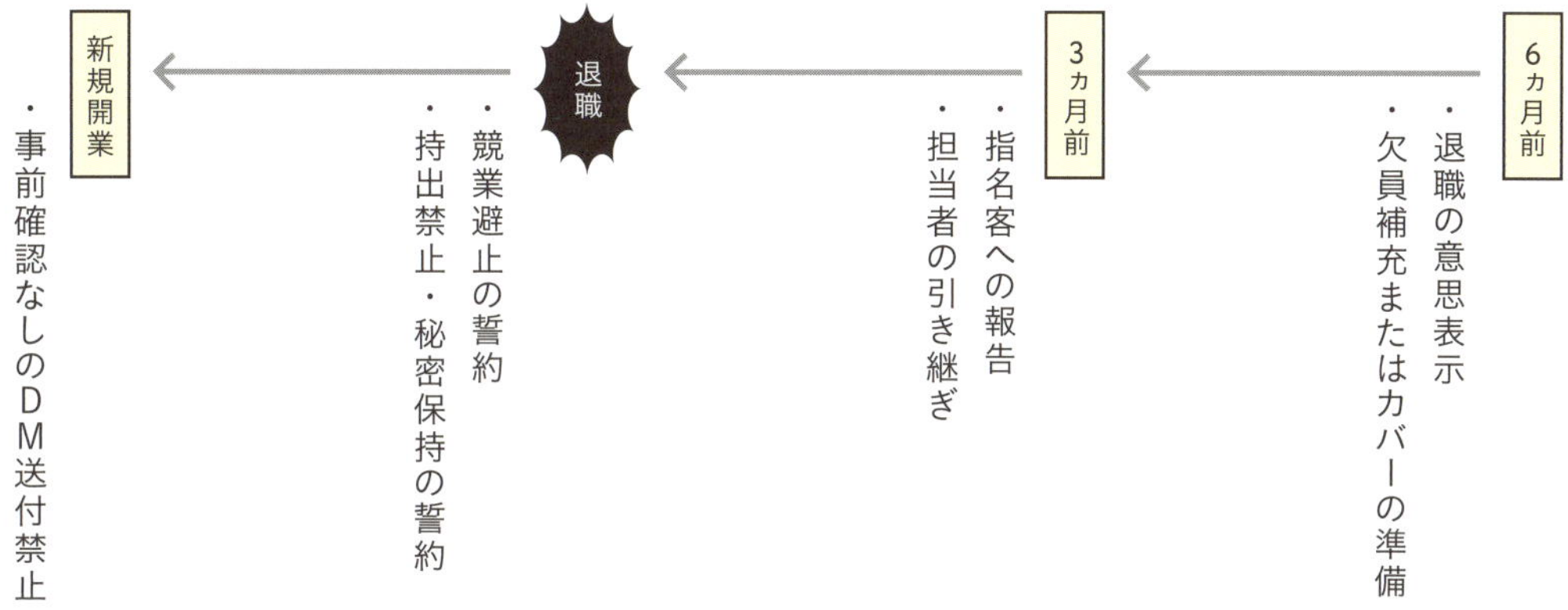

2. 個人事業主への転換

経営環境が厳しく、独立や新規出店のリスクが増す現在。必ずしも独立を望まない美容師も増えています。指名客の多いスタッフなどに、収入や自由度のアップのため、FC契約やサロン内独立などの道を用意する経営者も出てきていると聞きます。この場合は、従業員から個人事業主へ転換させ、新たに業務契約を結ぶことになります。雇用者ではなく契約相手となるため、基本的に管理、監督はせず、対等な立場で共に働くこととなります。次の点に注意し、他のスタッフの処遇と明確に区別しましょう。

①賃金ではなく契約に基づく報酬を支払う。
②サロンで加入した労働保険や社会保険から外す。
③報酬の1割を源泉徴収する。サロンで年末調整はせず、本人が確定申告する。
④労働時間管理をしない。遅刻や休みでも欠勤扱いとしない。
⑤労災の対象から外れる。仕事や通勤中に病気やケガを負っても、サロンの責任は問われない。

これらを守らないと、実質雇

スタッフの動きと主な労務手続き

■入社
- 雇用契約書兼労働条件通知書
- 雇用保険 被保険者資格取得届
- 社会保険 被保険者資格取得届
- 社会保険 被扶養者異動届の提出
 ※被扶養者がいる場合
- 雇入時の健康診断
- 半年後に有給休暇付与

■結婚
- 社会保険 氏名変更届
- 雇用保険 氏名変更届

■引越
- 社会保険 住所変更届

■本人が出産
- 産前産後休暇付与
- 社会保険 産前・産後休業申出書
- 社会保険 被扶養者(異動)届
 ※自分の被扶養者に入れる場合
- 健康保険 出産手当金支給申請

■妻が出産
- 社会保険 被扶養者(異動)届

■育児休業
- 育児休暇付与
- 雇用保険 育児休業給付金申請
- 社会保険 育児休業者終了時報酬月額変更届
 ※職場復帰後
- 厚生年金保険
 養育期間標準報酬月額特例申出書

■給与の大幅変動
- 社会保険 月額変更届

■介護休業取得
- 介護休暇付与
- 雇用保険 介護休業給付金申請

■労災発生
- 療養(補償)給付請求書
 ※病院にかかった場合
- 休業(補償)給付請求書
 ※4日以上休んだ場合
- 労働者私傷病報告書
 ※業務上災害で4日以上休んだ場合
- 第三者行為災害届
 ※第三者が存在する場合

■私傷病で休業
- 健康保険 傷病手当金申請
 ※連続する3日間を含み、
 4日以上仕事に就けなかった場合

■退職
- 雇用保険 被保険者資格喪失届
- 雇用保険 被保険者離職証明書
- 社会保険 被保険者資格喪失届

用関係にあると見なされ、残業代未払いや社会保険未加入を指摘される可能性があります。事前に本人とよく話し合い、良好なパートナーシップを築きましょう。

スタッフの節目に
労務の役目あり

——以上、ケビンのサロンに起こる出来事を通じて、美容室に必要な労務管理を学んできました。スタッフを迎える準備から送り出した後の対応まで、実にたくさんのルールと業務があります。スタッフを雇うことは、経営者の責任と労力を増大させます。だからこそ、前よりずっと優しくたくましく成長できたのですよね、ケビン。

結論……

辞めた後も大切な仲間
退職と独立は円満に安全に

退職時にもめたりせず適切に対応することが、サロンと顧客を守ることにつながります。

[退職の補足]

定年退職

スタッフの長期雇用化が進む中、近い将来美容業界でも、定年制が必要になるかもしれない。定年制とは、一定年齢に達したら自動的に退職扱いとするもので、法的に設定の義務はない。設定する場合は就業規則に定める。年齢は60歳を下回ってはならず、また国の指針により、希望者は65歳まで雇用を継続しなければならない。一般に「定年は60歳、その後は再雇用し1年ごとの契約更新を65歳まで」とすることが多い。就業規則に定年制を記さない場合、本人が希望しない限り、年齢を理由に退職させることはできない。

退職金の導入

使用者に退職金を払う義務はなく、制度の有無は自由。導入する場合は、業績が良いときや特定の人のみに払うのではなく、就業規則に規定し、定めにのっとって支払う。一度導入すると、業績が悪化してもすぐには廃止できないため、慎重に検討したい。

[労務手続きの補足]

定時発生する手続き

4月
・入社手続き（新卒者など採用時）
7月
・社会保険 月額算定基礎届
・労働保険の概算・確定保険料の申告
・労働保険料の納付
10月
・有給管理簿への記載（4月入社があった場合）
※入社日6ヵ月後以降は、1年ごとに全労働日の8割以上勤務したスタッフに、規定の日数を付与。
12月
・年末調整、源泉徴収票の提出
毎月1度
・社会保険料納付
毎年1度
・定期健康診断
・年次有給休暇の付与
・三六協定の締結と届出
賞与支給時
・社会保険 賞与支払届

付　録

労務管理資料集

美容室の労務管理で必要となる、文書や数値の補足資料です。文書例については、各美容室の事情や方針に合わせて、必ず内容を精査し改変してお使いください。

時間外労働・休日労働に関する協定届

■三六協定とは	使用者は労働者を、法定労働時間を超えて働かせてはならない。時間外労働や休日労働を課す可能性がある場合には、あらかじめ労使協定を結び、労働基準監督署へ届け出る必要がある。これを「時間外・休日労働に関する協定届」、俗に「三六(サブロク)協定」という。
■記載事項	・時間外労働の必要がある業務、労働者数、具体的な事由 ・1日、1ヵ月、1年について、延長することができる時間 ・休日労働させる休日と始業・終業時刻 ・有効期間(原則1年間) を明記する。
■締結と届出	①事業場(店舗)単位で用意し、 ②選挙や投票などで労働者の半数を代表する人を選び、その人と使用者の間で締結し、 ③労働基準監督署へ届け出ることで効力を発する。 ④定期的に内容を見直し、1年ごとに締結・提出する。
■周知方法	締結・届出が終わったら、サロンでの掲示や書の交付などにより、労働者に周知させなければならない。

協定届（三六協定・特別条項付き）

事業の所在地（電話番号）					
東京都港区南青山　○ー○ー○　　（TEL:03-0000-0000））					
所定労働時間	延長することができる時間			期間	
	1日	1日を超える一定の期間（起算日）			
		1箇月（毎月1日）	1年（4月1日）		
8時間	**6時間**	**45時間**	**360時間**	**平成○年4月1日から1年間**	
8時間	**4時間**	**45時間**	**360時間**		
所定休日	労働させることができる休日並びに始業及び終業の時刻			期間	
週2日 シフト表による	**1箇月2日　始業9時30分 終業18時30分**			**平成○年4月1日から1年間**	

（特別条項）ただし美容師については、通常の業務を大幅に超える予約の集中、大規模なクレーム対応、その他特別の事情が発生した場合、労使の協議を経て、1箇月60時間、1年420時間まで延長することができる。この場合、延長時間を延長する回数は6回までとする。なお、時間外割増賃金率は1箇月45時間、1年360時間を超える場合は2割5分とする。労使双方は、協力して上記の時間外労働の削減に努めることとする。

間であつて、同法第36条の1項の協定で定められた1日を超え3箇月以内の期間及び1年についての延長することができる時間の限度に関して、その上覧に当該協定で定められたすべての期間を記入し、当該期間の起算日を括弧書きし、その下欄に、当該期間に応じ、それぞれ当該機関についての限度となる時間を記入すること。

3　②の欄は、労働基準法第32条の4の規定による労働時間により労働する労働者（対象期間が3箇月を超える変形労働時間制により労働する者に限る。）について記入すること。

4　「労働させることができる休日並びに始業及び終業の時刻」の欄には、労働基準法第35条の規定による休日であつて労働させることができる日並びに当該休日の労働の始業及び終業の時刻を記入すること。

5　「期間」の欄には、時間外労働又は休日労働をさせることができる日の属する期間を記入すること。

様式第9号（第17条関係）

時間外労働・休日労働に関する

事業の種類	事業の名称		
美容業	**株式会社○○ サロン・ド・△△　青山店**		

	時間外労働をさせる必要のある具体的事由	業務の種類	労働者数（満18歳以上の者）
① 下記②に該当しない労働者	**臨時の予約対応、突発的な予約変更の対処、クレーム対応**	**美容師**	**12人**
	請求書作成、月末の決算業務	**事務**	**1人**
② 1年単位の変形労働時間制により労働する労働者			

休日労働をさせる必要のある具体的事由	業務の種類	労働者数（満18歳以上の者）
臨時の予約対応、突発的な予約変更の対処、クレーム対応	**美容師**	**12人**

協定の成立年月日　平成 **○** 年 **3** 月 **29** 日

協定の当事者である労働組合の名称又は労働者の過半数を代表する者の　職名 **スタイリスト 一般**

協定の当事者（労働者の過半数を代表する者の場合）の選出方法（ **投票による選挙** ）　氏名 **○○ ○○**　印

平成 ○ 年 **3** 月 **31** 日

使用者　職名 **株式会社○○ 代表取締役**

三田　労働基準監督署長殿　氏名 **○○ ○○**　印

記載心得

1 「具体的事由」の欄には、時間外労働又は休日労働をさせる必要のある業務を具体的に記入し、労働基準法第36条第1項ただし書の健康上特に有害な業務について協定をした場合には、当該業務を他の業務と区別して記入すること。

2 延長することができる時間」の欄の記入に当たつては、次のとおりとすること。

(1) 「1日」の欄には、労働基準法第32条から第32条の5まで又は第40条の規定により労働させることができる最長の労働時間を超えて延長することができる時間であつて、1日についての限度となる時間を記入すること。

(2) 「1日を超える一定の期間（起算日）」の欄には、労働基準法第32条から第32条の5まで又は第40条の規定により労働させることができる最長の労働時間を超えて延長することができる時

秘密保持誓約書

■個人情報取扱いの責任	美容室では、顧客の住所や氏名、電話番号などの個人情報を保持することが多い。現在、個人情報保護法では、5,000件以上の情報を扱う事業者を「個人情報取扱事業者」とし、情報保護の義務を課している。しかし将来的にこの制限は撤廃され、個人情報を扱う全事業者が、漏えい防止の責任を負うことになる。
■情報漏えい・転用の責任	美容室の運営のために入手した顧客の個人情報は、その目的のみに使用しなければならない。もし、スタッフが営業外の目的に転用したり、他所へ持ち出したりした場合、顧客から責任を問われ、損害賠償を求められる可能性もある。スタッフには顧客情報の扱いについて教育し、「秘密保持誓約書」を書かせておくと、漏えい・転用の抑止力となる。

平成　　年　　月　　日

株式会社　○○
代表取締役　○○　○○　殿

秘密保持誓約書

住所

氏名　　　　　　　　　　　　　印

私は、株式会社○○（以下「会社」という。）で勤務するにあたり、下記の事項を遵守することを誓約します。

1. 私は、在職中に知り得た次に掲げる秘密事項を会社外部の第三者に対して漏洩せず、取り扱いに十分な注意を払い、またこれらの機密事項を用いて営業、販売を行う等不正に使用しないことを約束します。
   ① 顧客に関する個人情報
   ② 取引先名簿
   ③ 取引条件、取引先別単価表
   ④ 売上台帳
   ⑤ 各スタイリスト個人の個人情報（個人成績を含む）
   ⑥ 年間（月間）スケジュール
   ⑦ 技術・接客マニュアル等の諸規程類
   ⑧ その他営業業務に関する一切の機密事項

2. 業務情報や個人情報を記録した資料、顧客から会社に交付された秘密情報、電子ファイル等は、職務執行以外の目的で複製しません。また、会社の許可なく社外へ持ち出したり、個人PCに取り込むなどの行為は絶対にいたしません。

3. 上記1及び2の事項について、在職中だけでなく退職後も会社に損害を与える行為を一切行わないことを誓います。

4. 会社を退職することになった場合は、その時点で私が管理もしくは所持している会社の秘密情報及び記録媒体の一切を退職時までにすべて会社に返還し、返還後は、私の手元には秘密情報及び記録媒体を一切残存させないことを誓います。

5. 本誓約書に違反して会社に損害を与えた場合には、会社が私に損賠賠償請求、刑事告訴などの法的処分をとる場合もあることを十分に理解し、本誓約書を遵守します。

懲戒時の書類

■懲戒処分の手続き

労働者が職務を怠ったり、職場のルールに違反したりしたとき、制裁を加えることを「懲戒」という。下記にのっとって行なうこと。

・あらかじめ就業規則に事由と措置を定めておく。就業規則にない懲戒は行なえない。
・口頭の注意だけでなく、「懲戒処分通知書」を発し、書面に記録を残す。
・本人から「始末書」「顛末書」を提出させる。
・違反内容に見合った処分を下す。厳しすぎてはいけない。
・解雇は懲戒の事由が複数重ならないと認められづらい。一度の不正で解雇することは難しい。

平成○年○月○日

○○ ○○　殿

株式会社 ○○
代表取締役 ○○ ○○

懲戒処分通知書（○回目）

就業規則第○条の定めにより、貴殿を下記のとおり懲戒処分に付します。

記

1. 懲戒処分内容
　訓戒処分。
　平成○年○月○日までに自筆による始末書をマネジャーまで提出のこと。

2. 懲戒の理由
　平成○年○月○日から○月○日までの間において、無断欠勤があったため。

3. 懲戒該当条項
　就業規則　第○条第○項○号

以　上

始末書

平成 ○ 年 ○ 月 ○ 日

株式会社 ○○○

殿

店舗名

氏 名 印

この度、下記の件につきましては、私の不始末により、会社に多大なご迷惑をお掛けしたことを申し訳なく存じております。深く反省し、今後は二度とこのような不始末を繰り返さないように十分注意することをここに誓い、本書面を提出いたします。

件 名

発生日時 年 月 日

＜事件の内容＞

＜事件の原因＞

＜今後の対応＞

退職時の誓約書

■秘密保持	P.106で述べた通り、顧客の個人情報保護はサロンの責任。スタッフが独立する際、顧客情報を持ち出して新店の告知に使用されてしまうと、顧客から情報漏えい・転用の責任を問われかねないため、あらかじめこれを禁止し誓約を取るとよい。 また、その他営業上の秘密情報についても、持ち出しがないよう誓約を取り交わしておく。
■競業禁止	サロンによっては、スタッフが退職後に競合店を開くことを禁止する場合がある。この場合は、退職時に誓約を取り交わすとよい。 ただし、誰しも職業選択の自由を有するため、元スタッフといえども、本来はその開業条件を縛ることはできない。過度の圧力は人権侵害となる可能性があるため、あくまでも抑止効果を狙う手段と捉えたい。

株式会社　○○
代表取締役　○○　○○　殿

誓約書

平成○年○月○日付で株式会社○○を退職するにあたり、私は、以下の事項について誓約いたします。

第1条　私は、在籍中に知り得た貴社の営業上及び技術上の情報（以下「秘密情報」という。）について、退職後もこれを第三者に開示・漏洩したり、自ら使用したりしないことを誓約いたします。

第2条　私は、在籍中に入手した以下の秘密情報に関する資料等、業務に使用したものを現状のまますべて返却すること、コピーも含み関係資料を返還し、その一切を保有しないことを誓約いたします。
①在職中に扱った顧客カルテ、顧客情報（データ等も含む）
②メニュー及び店舗の営業システムに関する情報
③技術・商品に関するノウハウ、技術接客マニュアル等の諸規程類
④技術・商品の販売管理、サロン内で使用する日報・月報等の資料類
⑤取引先情報を含む業務用書類、財務・人事に関する情報
⑥その他、経営、営業、美容技術、社内研修に関する情報で貴社が秘密保持対象として取り扱う一切の情報

第3条　在職中に知り得た顧客情報を利用し、貴社の顧客に対し、貴社に承諾なく電話やインターネット（メール、SNS）等を利用して営業行為をいたしません。

第4条　私は、退職後○年間については、次にあげる競業行為を行いません。
（1）　○km以内の同業他社への入社
（2）　○km以内の競合店の開業

第5条　私は、自らの店舗の開業に際し、貴社スタッフの引き抜きをしません。

第6条　この誓約書に違反した場合、私は法的な責任を負担するものであることを確認し、これにより貴社が被った一切の損害を賠償することを誓約いたします。

平成　　年　　月　　日

住所
氏名　　　　　　　　　印

最新データ参照先

●労災保険料率…厚生労働省「労災保険制度」内「労災保険率表」
http://www.mhlw.go.jp/bunya/roudoukijun/rousaihoken.html
毎年4月に見直される。

●雇用保険料率…厚生労働省「雇用保険料率について」
http://www.mhlw.go.jp/stf/seisakunitsuite/bunya/0000108634.html
毎年4月に見直される。

●地域別最低賃金…厚生労働省「地域別最低賃金の全国一覧」
http://www.mhlw.go.jp/stf/seisakunitsuite/bunya/koyou_roudou/roudoukijun/minimumichiran/
毎年10月に決定される。

●健康保険料・厚生年金保険料…全国健康保険協会「保険料額表」
https://www.kyoukaikenpo.or.jp/g3/cat330/sb3150/
健康保険料は毎年3月、都道府県別に見直される。協会けんぽ以外については、各運営元を参照。
厚生年金保険料は、毎年9月に決定される。

著者プロフィール

秋山幸子（あきやま・ゆきこ）
特定社会保険労務士。社会保険労務士事務所 あおぞら人事・労務サポート代表。
美容室をはじめ多くの中小企業を顧客とし、労務管理や就業規則の作成などを行なう。
共著に「労働・社会保険の書式手続完全マニュアル」
「人事・労務ビジネスフォーム全書」（ともに日本法令）がある。
http://www.aozora-sr.com/

美容室の雇用と労務

2016年7月25日 初版発行
定価 本体1,800円＋税

著者…秋山幸子
発行人…寺口昇孝
発行所…株式会社女性モード社
本社／〒161-0033 東京都新宿区下落合3-15-27
Tel. 03.3953.0111（代表） 03.3953.0113（編集部）
Fax. 03.3953.0118
表参道スタジオ／〒150-0001 東京都渋谷区神宮前3-6-20
Tel. 03.5771.0111　Fax. 03.5771.0113
大阪支社／〒541-0043 大阪府大阪市中央区高麗橋1-5-14-603
Tel. 06.6222.5129　Fax. 06.6222.5357
http://www.j-mode.co.jp/
印刷・製本…株式会社JPコミュニケーションズ
デザイン…岩城将志［イワキデザイン室］、宮外麻周［m-nina］
イラスト…そで山かほ子

※本書は『美容の経営プラン』2014年6月号～2015年5月号
「コヨウとロウムを考える」の内容を再編集し加筆したものです。